Desfășurată de poligoane - caiet de activități

O introducere practică în geometria tridimensională folosind desfășurată de poligoane cu instrucțiuni.

de David E. McAdams
http://www.demcadams.com

Copyright © 2024 de Life Is A Story Problem LLC, Colorado Springs, Colorado. Toate drepturile rezervate. Nicio parte a acestei publicații nu poate fi reprodusă, stocată într-un sistem de recuperare sau transmisă sub nicio formă sau prin orice mijloc fără acordul scris expres al deținătorului drepturilor de autor, cu excepția citatelor scurte încorporate în articole sau recenzii critice.

Permisiune limitată de copiere pentru uz educațional. Se acordă permisiunea ca paginile individuale ale acestei cărți să fie copiate numai pentru uz educațional accidental, necomercial, conform regulii unei cărți: trebuie achiziționată o carte pentru fiecare profesor ai cărui elevi vor folosi acest material. Pentru elevii de acasă, trebuie achiziționată o carte pentru fiecare părinte care predă un grup de copii.

Alte cărți de David E. McAdams

Culori Papagal - O introducere în conceptul de culori folosind desene de papagali. Pentru preșcolari.

Culorile Florilor - O introducere în conceptul de culori folosind desene cu flori. Pentru preșcolari.

Culori ale Cosmosului - O introducere în conceptul de culori folosind fotografii de la NASA. Pentru preșcolari.

Forme - O introducere în forme. Pentru preșcolari.

Numbers (In engleza) - O introducere în conceptul de numere. Pentru clasele K-2.

What is Bigger Than Anything (Infinity) (In engleza) - O introducere în conceptul de infinit. Pentru clasele 1-3.

Swing Sets (Set Theory) (In engleza) - O introducere în teoria seturilor. Pentru clasele 2-4.

One Penny, Two (In engleza) - Dacă bănuțul lui Jerry se dublează în fiecare zi, în cât timp va putea cumpăra o mașină sport verde închis? Pentru clasele 3-6.

Learning With Play Money Activity Kit (In engleza) - Învățați numere mari și numărați cu peste 1.000.000 USD în bani de joc.

Fractalii mei preferati (volumele 1, 2) - Cărți cu imagini cu fractali minunați prezentate ca imagini de înaltă rezoluție. Pentru toate vârstele.

All Math Words Dictionary (In engleza) - Un dicționar de matematică pentru studenții de pre-algebră, algebră, geometrie și pre-calcul.

Primele milioane de cifre ale lui π - Primul milion de cifre ale lui pi. Pentru toate vârstele.

Primul milion de cifre ale numărului lui Euler - primul milion de cifre ale numărului lui Euler e. Pentru toate vârstele.

Rădăcina pătrată a două până la un milion de cifre - primul milion de cifre ale rădăcinii pătrate a lui 2. Pentru toate vârstele.

Primele o sută de mii de numere prime - primele sute de mii de numere prime. Pentru toate vârstele.

Desfășurată de poligoane - caiet de activități - 80 de rețele geometrice de copiat, decupat și lipit împreună în poliedre tridimensionale. Pentru vârsta de 9 ani în sus.

Geometric Nets Mega Project Book (In engleza) - 253 de plase geometrice pentru a copia, decupa și lipite împreună în poliedre tridimensionale. Pentru vârsta de 9 ani în sus.

Pentru o listă actualizată, consultați https://www.DEMcAdams.com.

Credite de imagine

Toate desfășurată de poligoane sunt de David E. McAdams.
Toate ilustrațiile sunt de David E. McAdams, dacă nu se menționează altfel aici.
- **Con** – LucasVB. Plasat în domeniul public de către artist.
- **Cuboctaedru** – Svdmolen. Plasat în domeniul public de către artist.
- **Dodecaedrul Snub** – Tom Ruen. Plasat în domeniul public de către artist.
- **Cuboctaedru trunchiat** – Svmolen. Plasat în domeniul public de către artist.
- **Dodecaedru trunchiat** – Harkonnen2. Plasat în domeniul public de către artist.
- **Icosaedrul trunchiat** – Svmolen. Plasat în domeniul public de către artist.
- **Octaedru trunchiat** – Încărcare inductive. Plasat în domeniul public de către artist.

Table of Contents

Noțiuni de bază..1
Antiprismă triunghiulară bielongată..3
Con..5
Cub..7
Cuboctaedru..9
Cilindru..11
Antiprismă decagonală...13
Prismă decagonală...15
Icositetraedru romboidal..17
Zar...19
Dodecaedru disdiakis...21
Dodecaedru regulat..23
Cupolă pentagonală alungită..25
Bipiramidă pentagonală alungită..27
Piramidă pentagonală alungită...29
Bipiramidă pătrată alungită..31
Piramidă pătrată alungită...33
Antiprismă triunghiulară alungită...35
Cupolă triunghiulară alungită...37
Bipiramidă triunghiulară alungită...39
Piramidă triunghiulară alungită..41
Frustum al unei piramide decagonale.......................................43
Frustum al unei piramide cuadrilaterale...................................45
Frustum al unei piramide triunghiulare....................................47
Marele dodecaedru..49
Marele dodecaedru stelat..51
Piramidă pentagonală giroalungită...55
Bipiramidă pătrată giroalungită..57
Prismă pătrată giroalungită..59
Piramida pătrată giroalungită...61
Piramida heptagonală..63
Heptaedru 4,4,4,3,3,3,3..65
Heptaedru 5,5,5,4,4,4,3..67
Heptaedru 6,6,4,4,4,3,3..69
Prismă hexagonală..71
Piramidă hexagonală...73
Hexaedru 4,4,4,4,3,3...75
Hexaedru 5,4,4,3,3,3...77
Hexaedru 5,5,4,4,3,3...79
Icosaedru regulat..81
Icosidodecaedru..83
Piramida pătrată oblică...85
Antiprismă octogonală..87
Octaedru regulat...89

- Antiprismă pentagonală..91
- Cupolă pentagonală..93
- Bipiramidă pentagonală..95
- Prismă pentagonală..97
- Piramidă pentagonală...99
- Rotondă pentagonală..101
- Prismă pentagramică..103
- Piramidă dreptunghiulară..105
- Prismă rombică...107
- Rombicuboctaedru..109
- Micul rombidodecaedru...111
- Micul dodecaedru stelat..115
- Cub snub..119
- Dodecaedru snub...123
- Antiprismă pătrată..127
- Cupolă pătrată..129
- Piramidă pătrată...131
- Trapezoedru pătrat...133
- Octaedru stelat...135
- Tetraedru regulat..137
- Tetrakis Hexaedru..139
- Octaedru triakis..141
- Tetraedru triakis...143
- Cupolă triunghiulară...145
- Bipiramidă triunghiulară..147
- Pentaedrul triunghiular...149
- Prismă triunghiulară...151
- Piramidă triunghiulară oblică..153
- Cub trunchiat..155
- Cuboctaedru trunchiat..157
- Dodecaedru trunchiat...159
- Icosaedrul trunchiat..163
- Icosidodecaedru trunchiat..169
- Octaedru trunchiat..175
- Tetraedru trunchiat...177
- Piramida stelară pentagonală dreaptă...179
- Trapezoedru pătrat trunchiat..181

Noțiuni de bază

Ce este o desfășurată de poligoane?

O desfășurată de poligoane este un desen plat care poate fi pliat într-o figură tridimensională. De exemplu, șase pătrate identice pot fi făcute într-un cub. Acest lucru se datorează faptului că un cub are șase laturi, toate fiind pătrate identice. Fiecare dintre desenele din această carte poate fi pliat într-un obiect geometric tridimensional.

Majoritatea desfășurată de poligoane se pliază în solide cu laturile plate. Există câteva excepții. Un cilindru poate fi făcut dintr-un dreptunghi și două cercuri. Un con poate fi făcut dintr-un cerc și un triunghi cu fundul curbat.

Cât de greu e să faci un solid dintr-o desfășurată de poligoane?

Unele dintre ele sunt ușoare, iar altele sunt grele. Practic, cu cât un solid are mai multe laturi, cu atât este mai greu de construit dintr-o desfășurată de poligoane. Începeți cu cele ușoare și creșteți până la cele dure.

Cum construiesc un model de solid dintr-o desfășurată de poligoane?

Începeți prin a face o copie a paginii pe care este desenată desfășurată de poligoane. Dacă vrei să-ți decorezi desfășurată de poligoane desenând pe ea sau colorând-o, fă-o înainte de a o decupa.

Apoi folosiți foarfecele pentru a tăia cu grijă desfășurată de poligoane de-a lungul liniilor continue. Uneori, două fețe adiacente împărtășesc o linie în desen care trebuie tăiată. Această linie va fi o linie continuă.

Odată ce forma este tăiată, începeți să pliați de-a lungul liniilor punctate. Utilizați bucăți mici de bandă adezivă transparentă pentru a atașa marginile împreună. Când toate marginile sunt lipite împreună, forma ta este terminată.

Antiprismă triunghiulară bielongată

1. Tăiați de-a lungul liniilor continue.
2. Îndoiți pe linii punctate.
3. Îndoiți înapoi pe linii întrerupte
4. Folosiți bandă transparentă pentru a fixa.

Dacă doriți să desenați sau să colorați desfășurată de poligoane, faceți-o înainte de a o lipi. Dacă doriți să o decorați prin lipire pe decorațiuni, lipiți-o mai întâi cu bandă adezivă.

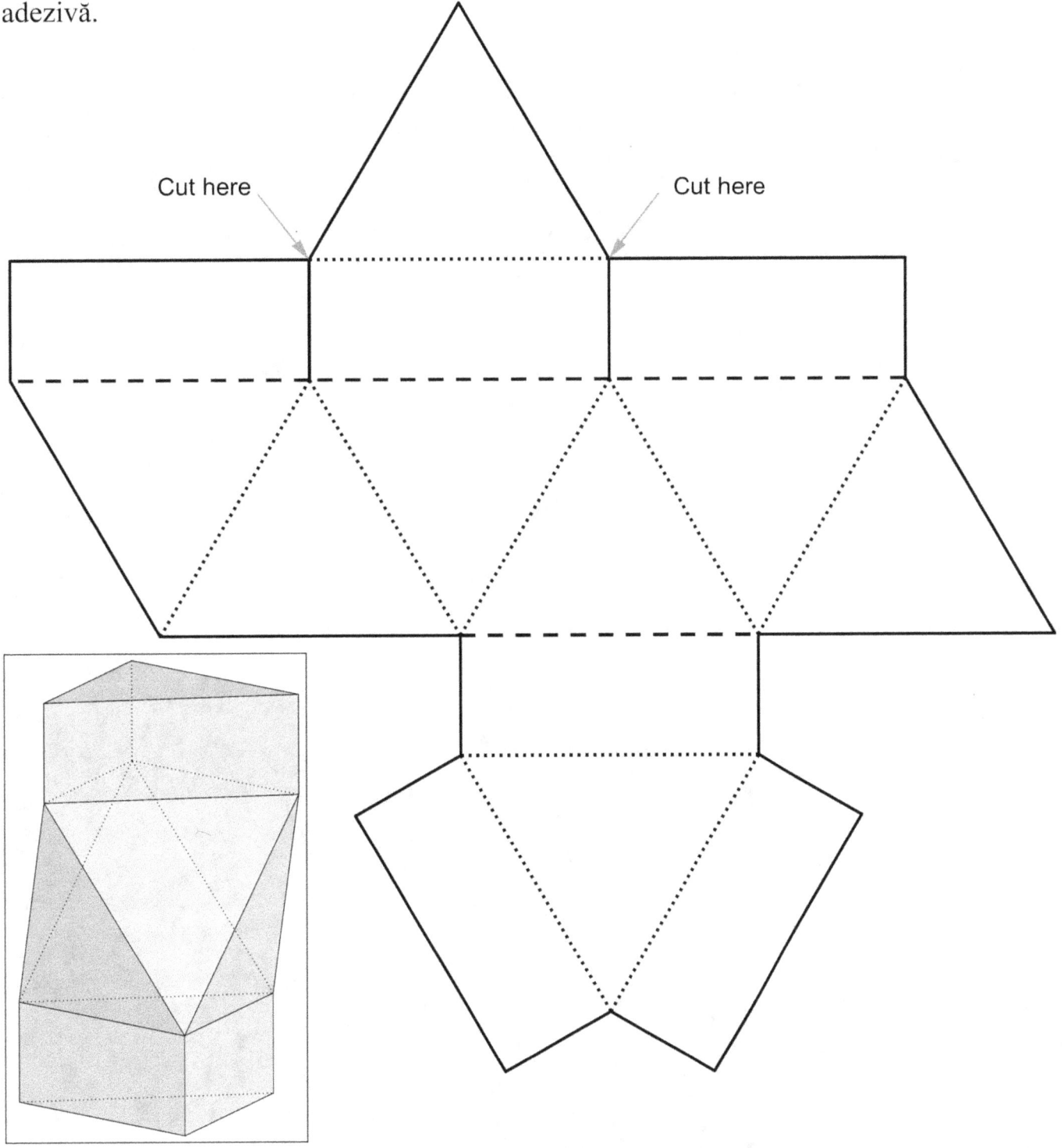

Desfășurată de poligoane - caiet de activități de David E. McAdams
Copyright 2024. Poate fi copiat numai pentru uz educațional accidental, necomercial.

Con

1. Tăiați de-a lungul liniilor continue. Încercați să nu tăiați cele două bucăți.
2. Folosiți bandă transparentă pentru a fixa..

Dacă doriți să desenați sau să colorați desfășurată de poligoane, faceți-o înainte de a o lipi. Dacă doriți să o decorați prin lipire pe decorațiuni, lipiți-o mai întâi cu bandă adezivă.

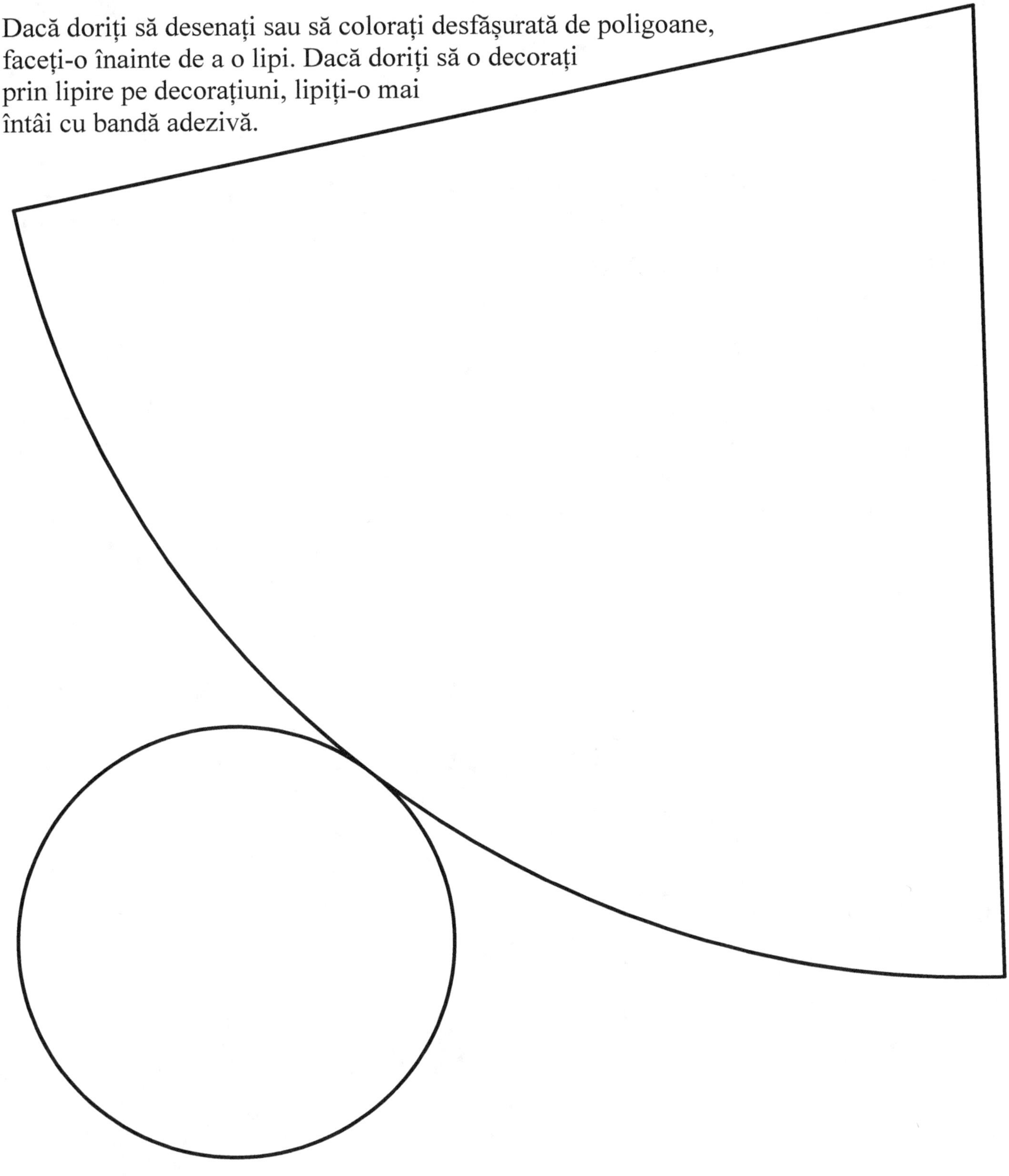

Cub

1. Tăiați de-a lungul liniilor continue.
2. Îndoiți pe liniile punctate.
3. Folosiți bandă adezivă transparentă pentru a fixa.

Dacă doriți să desenați sau să colorați desfășurată de poligoane, faceți-o înainte de a o lipi. Dacă doriți să o decorați prin lipire pe decorațiuni, lipiți-o mai întâi cu bandă adezivă.

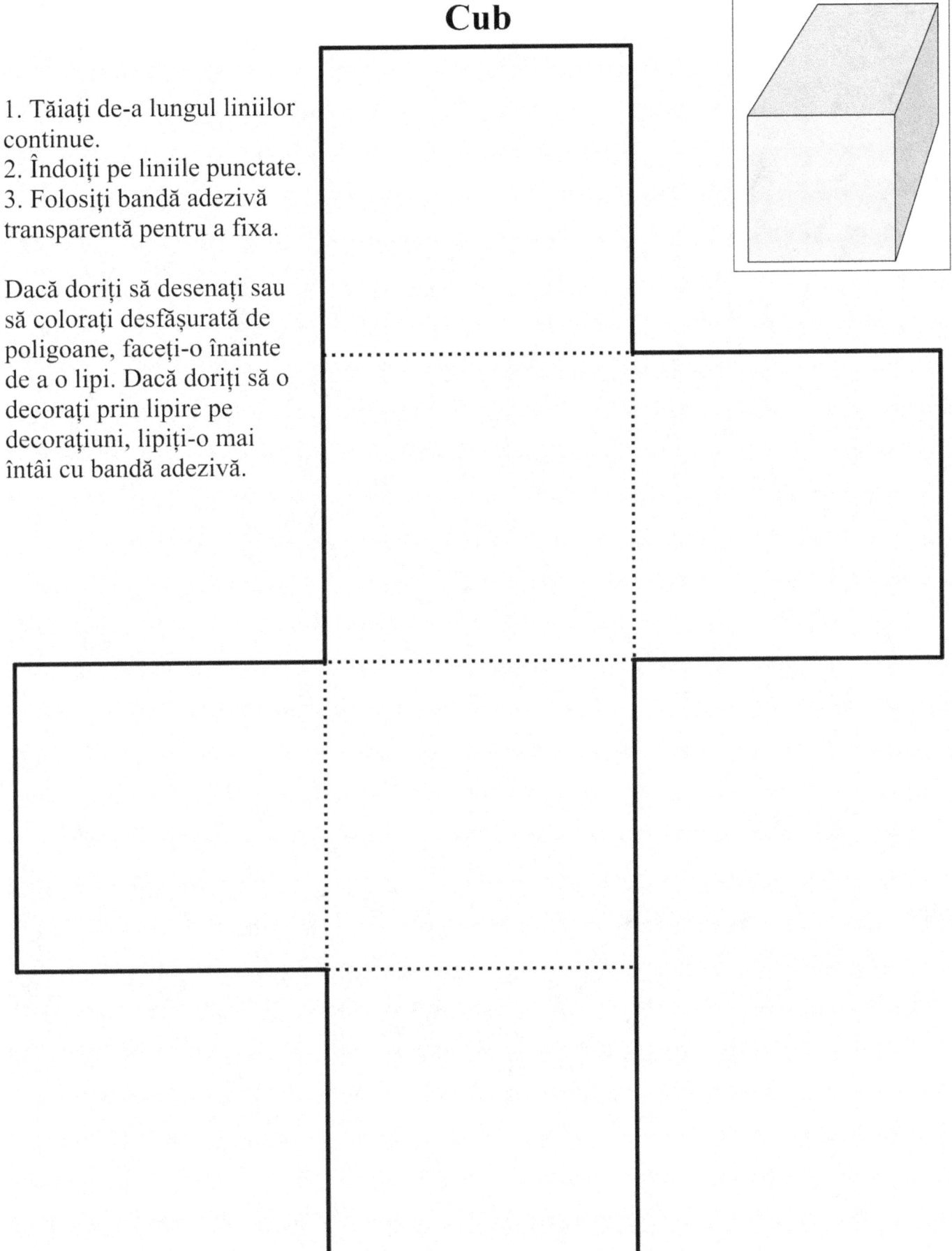

Desfășurată de poligoane - caiet de activități de David E. McAdams
Copyright 2024. Poate fi copiat numai pentru uz educațional accidental, necomercial.

Cuboctaedru

1. Tăiați de-a lungul liniilor continue.
2. Îndoiți pe liniile punctate.
3. Folosiți bandă adezivă transparentă pentru a fixa.

Dacă doriți să desenați sau să colorați desfășurată de poligoane, faceți-o înainte de a o lipi. Dacă doriți să o decorați prin lipire pe decorațiuni, lipiți-o mai întâi cu bandă adezivă.

Cilindru

1. Tăiați de-a lungul liniilor continue. Încercați să nu tăiați cercurile din dreptunghi.
2. Rotiți dreptunghiul într-un Cilindru.
3. Îndoiți cercurile în jos pentru a se potrivi cu Cilindru.
4. Folosiți bandă transparentă pentru a fixa.

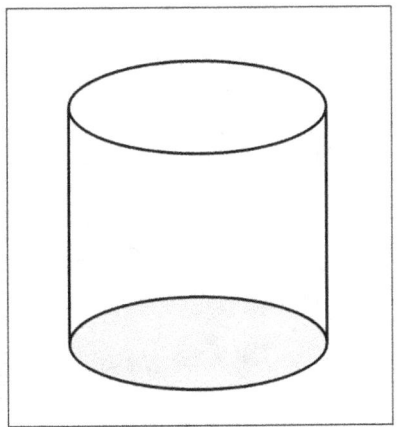

Dacă doriți să desenați sau să colorați desfășurată de poligoane, faceți-o înainte de a o lipi. Dacă doriți să o decorați prin lipire pe decorațiuni, lipiți-o mai întâi cu bandă adezivă.

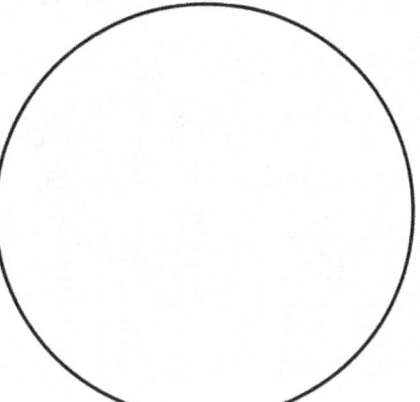

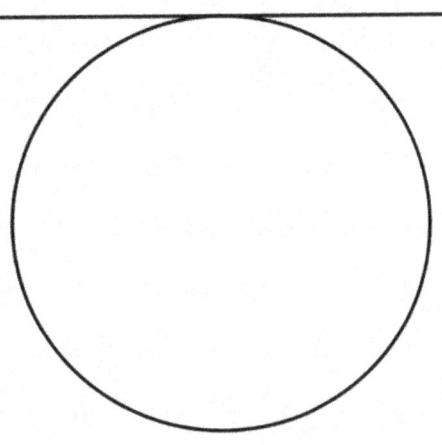

Antiprismă decagonală

1. Tăiați de-a lungul liniilor continue.
2. Îndoiți pe liniile punctate.
3. Folosiți bandă adezivă transparentă pentru a fixa.

Dacă doriți să desenați sau să colorați desfășurată de poligoane, faceți-o înainte de a o lipi. Dacă doriți să o decorați prin lipire pe decorațiuni, lipiți-o mai întâi cu bandă adezivă.

Desfășurată de poligoane - caiet de activități de David E. McAdams
Copyright 2024. Poate fi copiat numai pentru uz educațional accidental, necomercial.

Prismă decagonală

1. Tăiați de-a lungul liniilor continue.
2. Îndoiți pe liniile punctate.
3. Folosiți bandă adezivă transparentă pentru a fixa.

Dacă doriți să desenați sau să colorați desfășurată de poligoane, faceți-o înainte de a o lipi. Dacă doriți să o decorați prin lipire pe decorațiuni, lipiți-o mai întâi cu bandă adezivă.

Desfășurată de poligoane - caiet de activități de David E. McAdams
Copyright 2024. Poate fi copiat numai pentru uz educațional accidental, necomercial.

Icositetraedru romboidal

1. Tăiați de-a lungul liniilor continue.
2. Îndoiți pe liniile punctate.
3. Folosiți bandă adezivă transparentă pentru a fixa.

Dacă doriți să desenați sau să colorați desfășurată de poligoane, faceți-o înainte de a o lipi. Dacă doriți să o d ecorați prin lipire pe decorațiuni, lipiți-o mai întâi cu bandă adezivă.

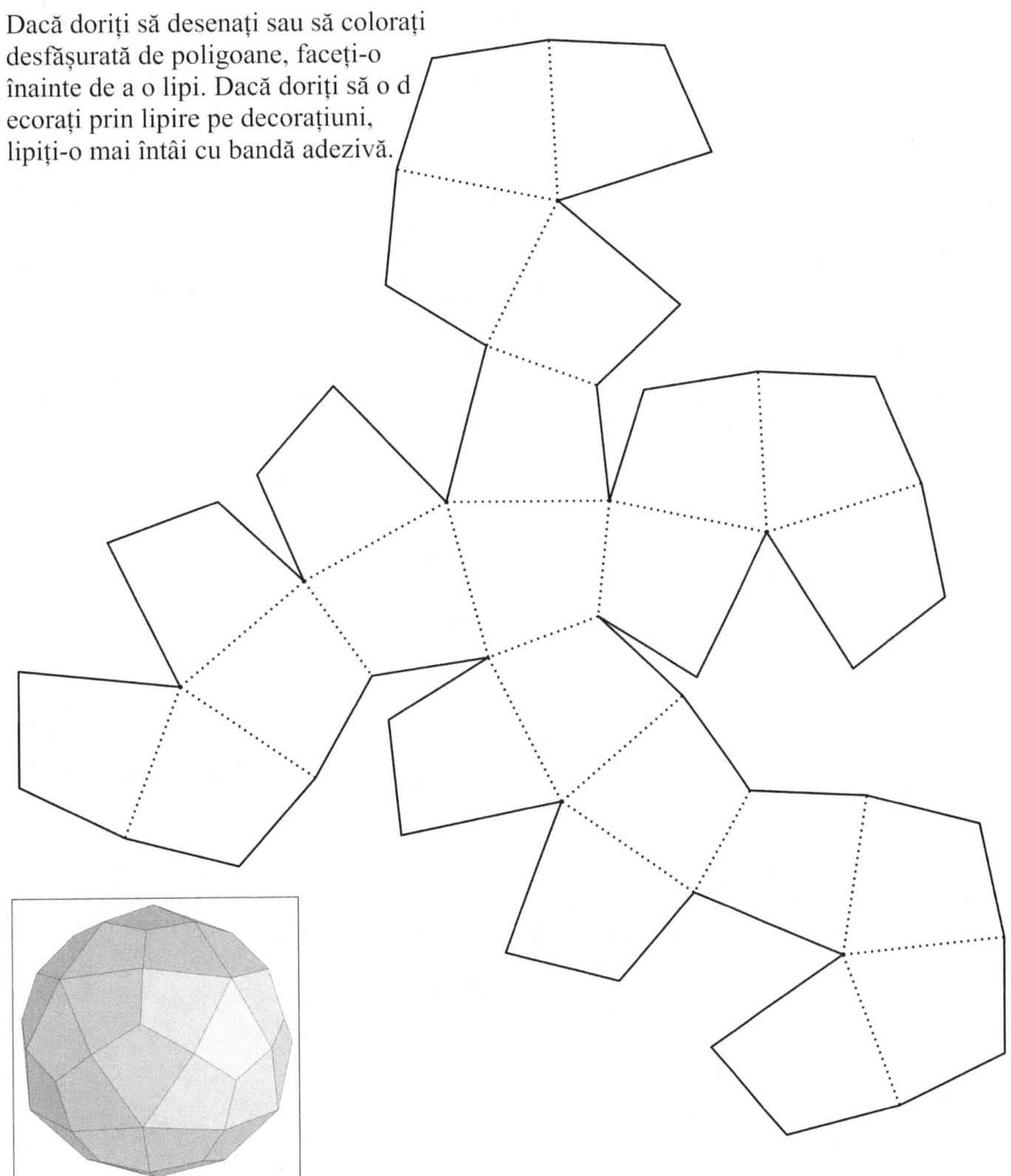

Desfășurată de poligoane - caiet de activități de David E. McAdams
Copyright 2024. Poate fi copiat numai pentru uz educațional accidental, necomercial.

Zar

1. Tăiați de-a lungul liniilor continue.
2. Îndoiți pe liniile punctate.
3. Folosiți bandă adezivă transparentă pentru a fixa.

Dacă doriți să desenați sau să colorați desfășurată de poligoane, faceți-o înainte de a o lipi. Dacă doriți să o decorați prin lipire pe decorațiuni, lipiți-o mai întâi cu bandă adezivă.

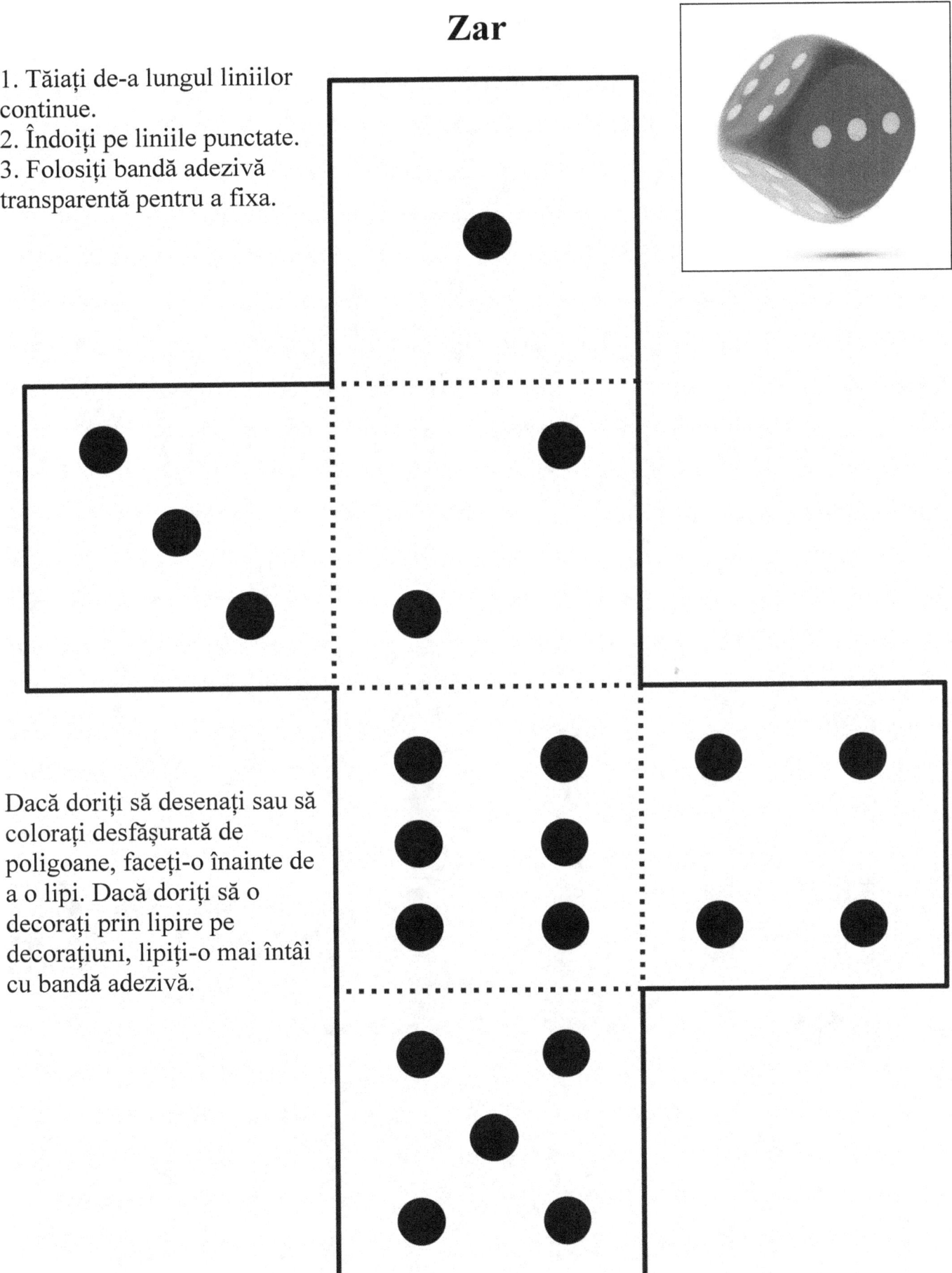

Desfășurată de poligoane - caiet de activități de David E. McAdams
Copyright 2024. Poate fi copiat numai pentru uz educațional accidental, necomercial.

Dodecaedru disdiakis

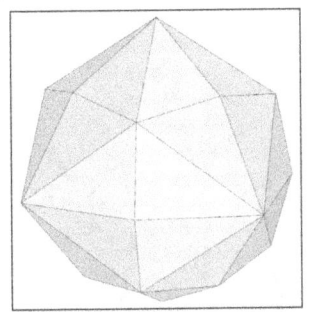

1. Tăiați de-a lungul liniilor continue.
2. Îndoiți pe liniile punctate.
3. Folosiți bandă adezivă transparentă pentru a fixa.

Dacă doriți să desenați sau să colorați desfășurată de poligoane, faceți-o înainte de a o lipi. Dacă doriți să o decorați prin lipire pe decorațiuni, lipiți-o mai întâi cu bandă adezivă.

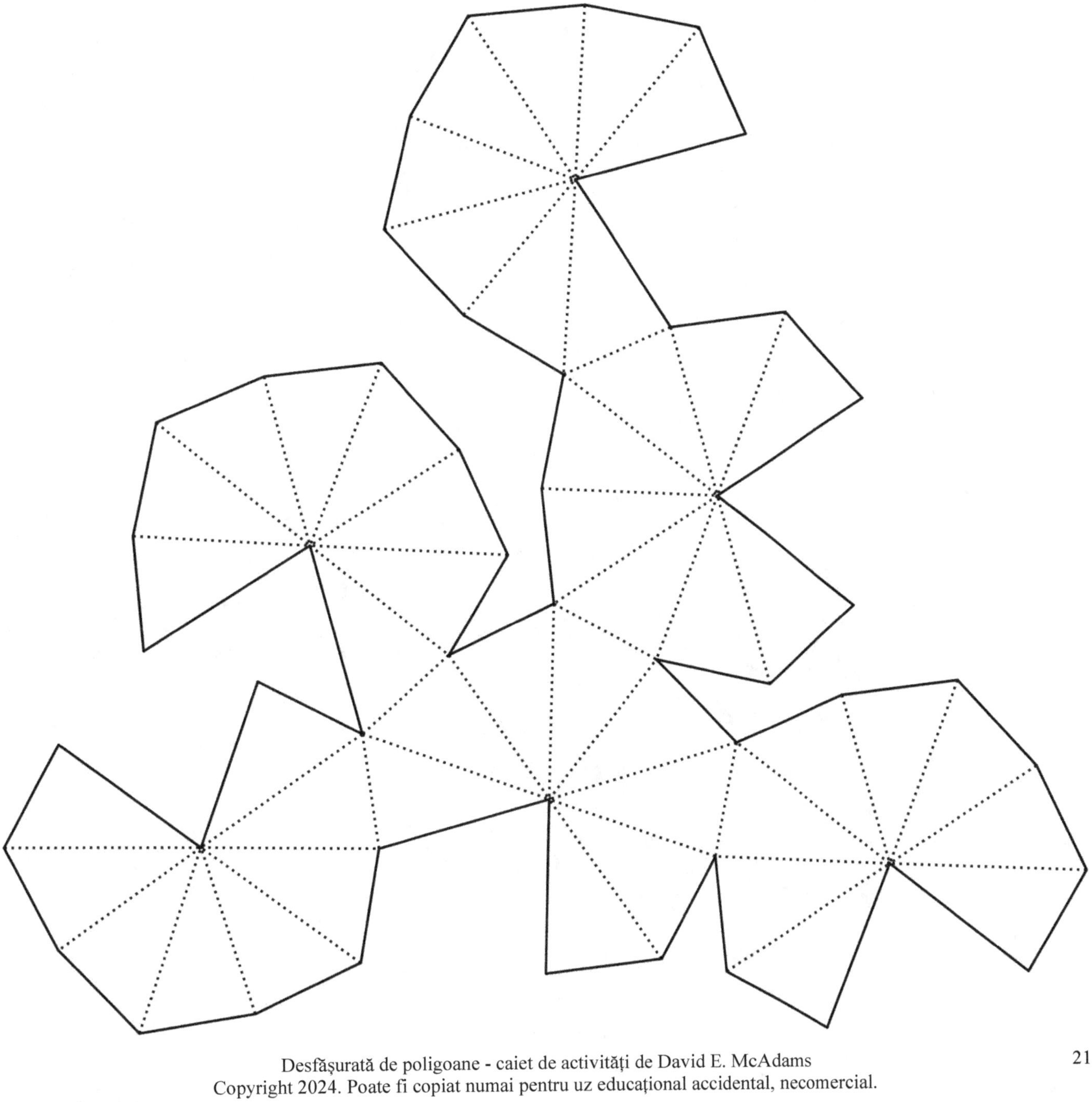

Dodecaedru regulat

1. Tăiați de-a lungul liniilor continue.
2. Îndoiți pe liniile punctate.
3. Folosiți bandă adezivă transparentă pentru a fixa.

Dacă doriți să desenați sau să colorați desfășurată de poligoane, faceți-o înainte de a o lipi. Dacă doriți să o decorați prin lipire pe decorațiuni, lipiți-o mai întâi cu bandă adezivă.

Desfășurată de poligoane - caiet de activități de David E. McAdams
Copyright 2024. Poate fi copiat numai pentru uz educațional accidental, necomercial.

Cupolă pentagonală alungită

1. Tăiați de-a lungul liniilor continue.
2. Îndoiți pe liniile punctate.
3. Folosiți bandă adezivă transparentă pentru a fixa.

Dacă doriți să desenați sau să colorați desfășurată de poligoane, faceți-o înainte de a o lipi. Dacă doriți să o decorați prin lipire pe decorațiuni, lipiți-o mai întâi cu bandă adezivă.

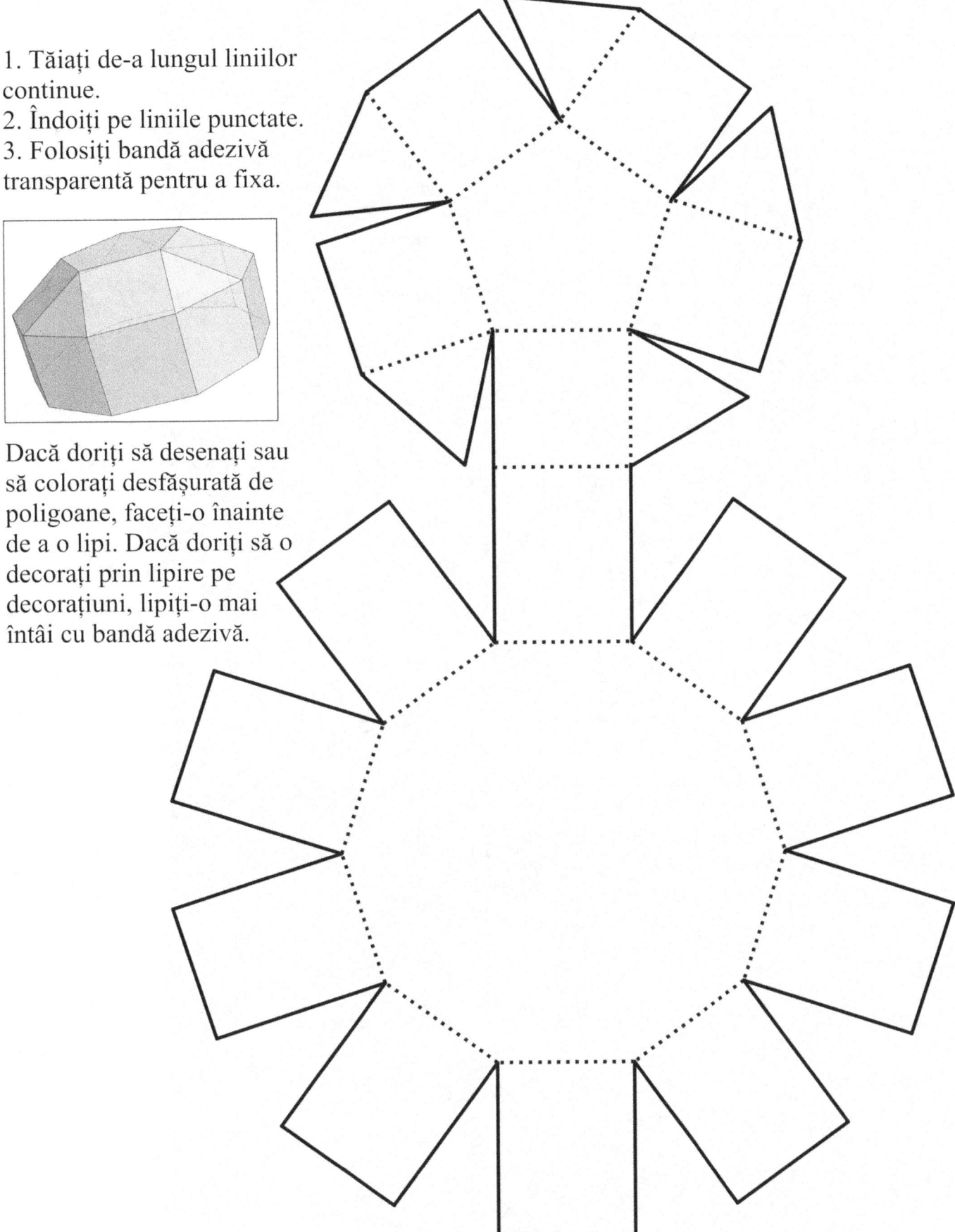

Desfășurată de poligoane - caiet de activități de David E. McAdams
Copyright 2024. Poate fi copiat numai pentru uz educațional accidental, necomercial.

Bipiramidă pentagonală alungită

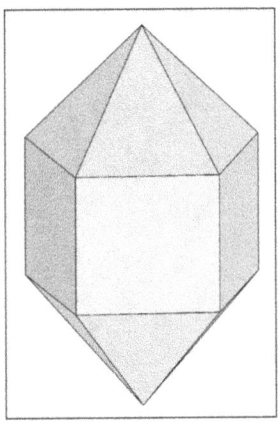

1. Tăiați de-a lungul liniilor continue.
2. Îndoiți pe liniile punctate.
3. Folosiți bandă adezivă transparentă pentru a fixa.

Dacă doriți să desenați sau să colorați desfășurată de poligoane, faceți-o înainte de a o lipi. Dacă doriți să o decorați prin lipire pe decorațiuni, lipiți-o mai întâi cu bandă adezivă.

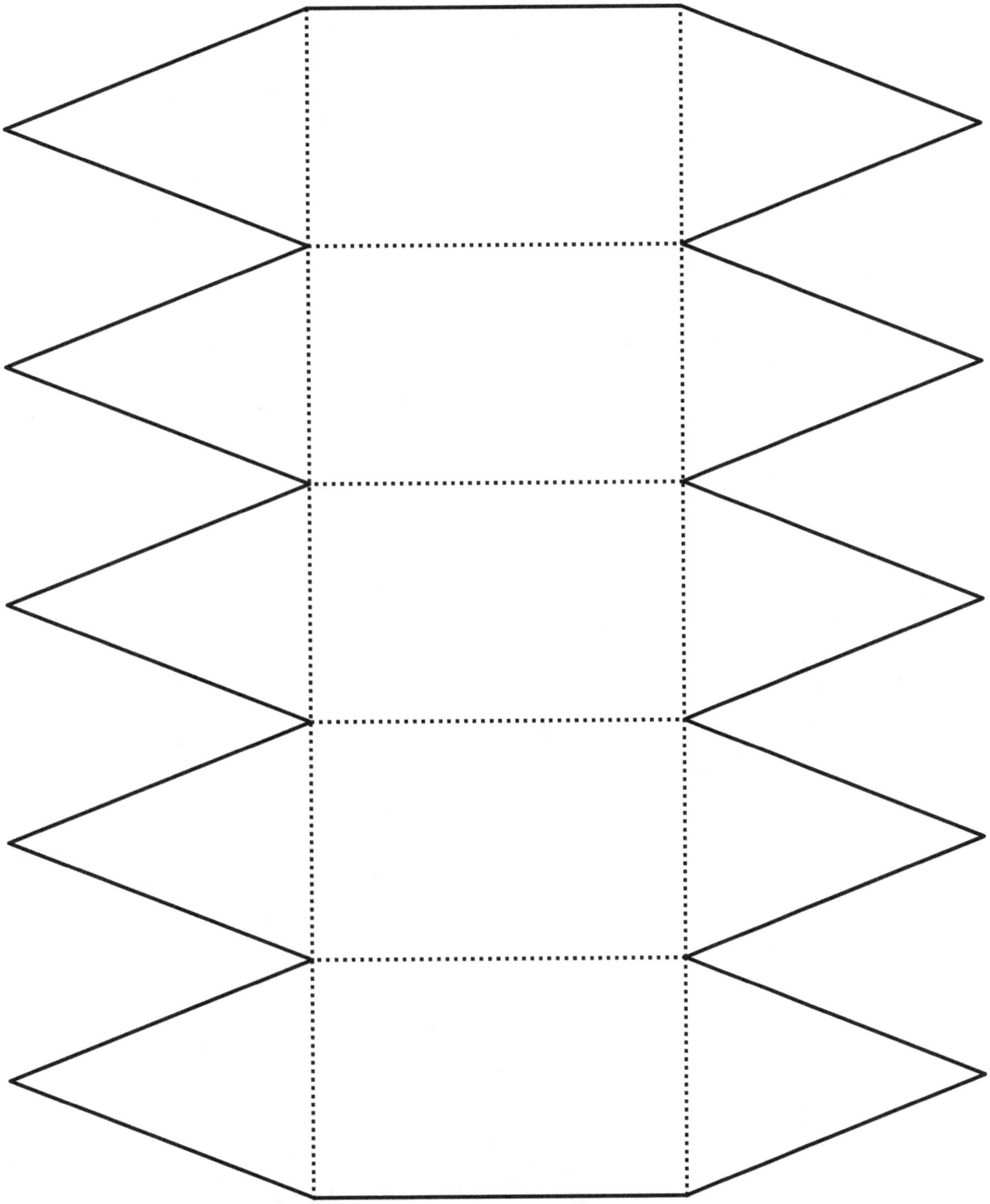

Piramidă pentagonală alungită

1. Tăiați de-a lungul liniilor continue.
2. Îndoiți pe liniile punctate.
3. Folosiți bandă adezivă transparentă pentru a fixa.

Dacă doriți să desenați sau să colorați desfășurată de poligoane, faceți-o înainte de a o lipi. Dacă doriți să o decorați prin lipire pe decorațiuni, lipiți-o mai întâi cu bandă adezivă.

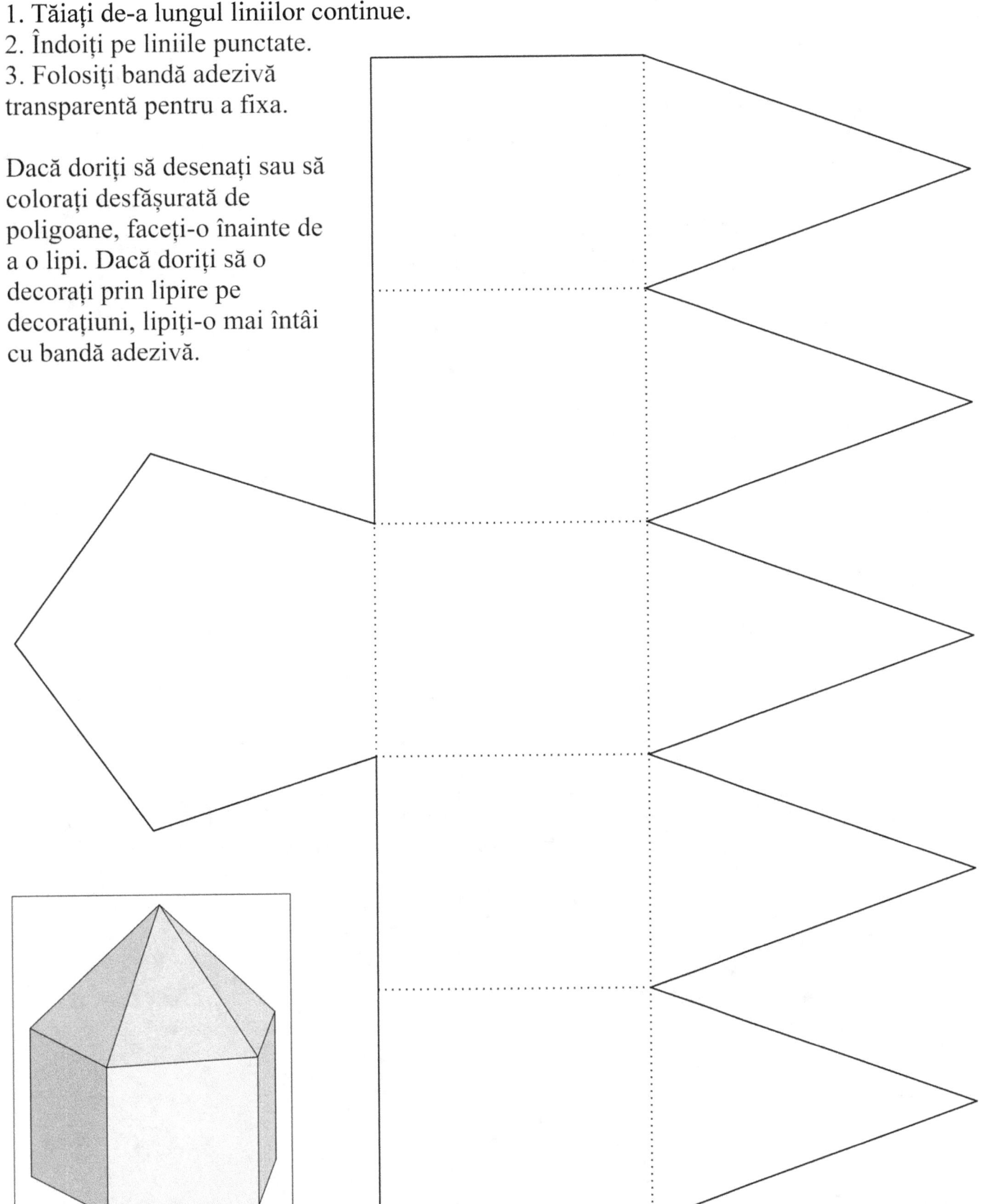

Desfășurată de poligoane - caiet de activități de David E. McAdams
Copyright 2024. Poate fi copiat numai pentru uz educațional accidental, necomercial.

Bipiramidă pătrată alungită

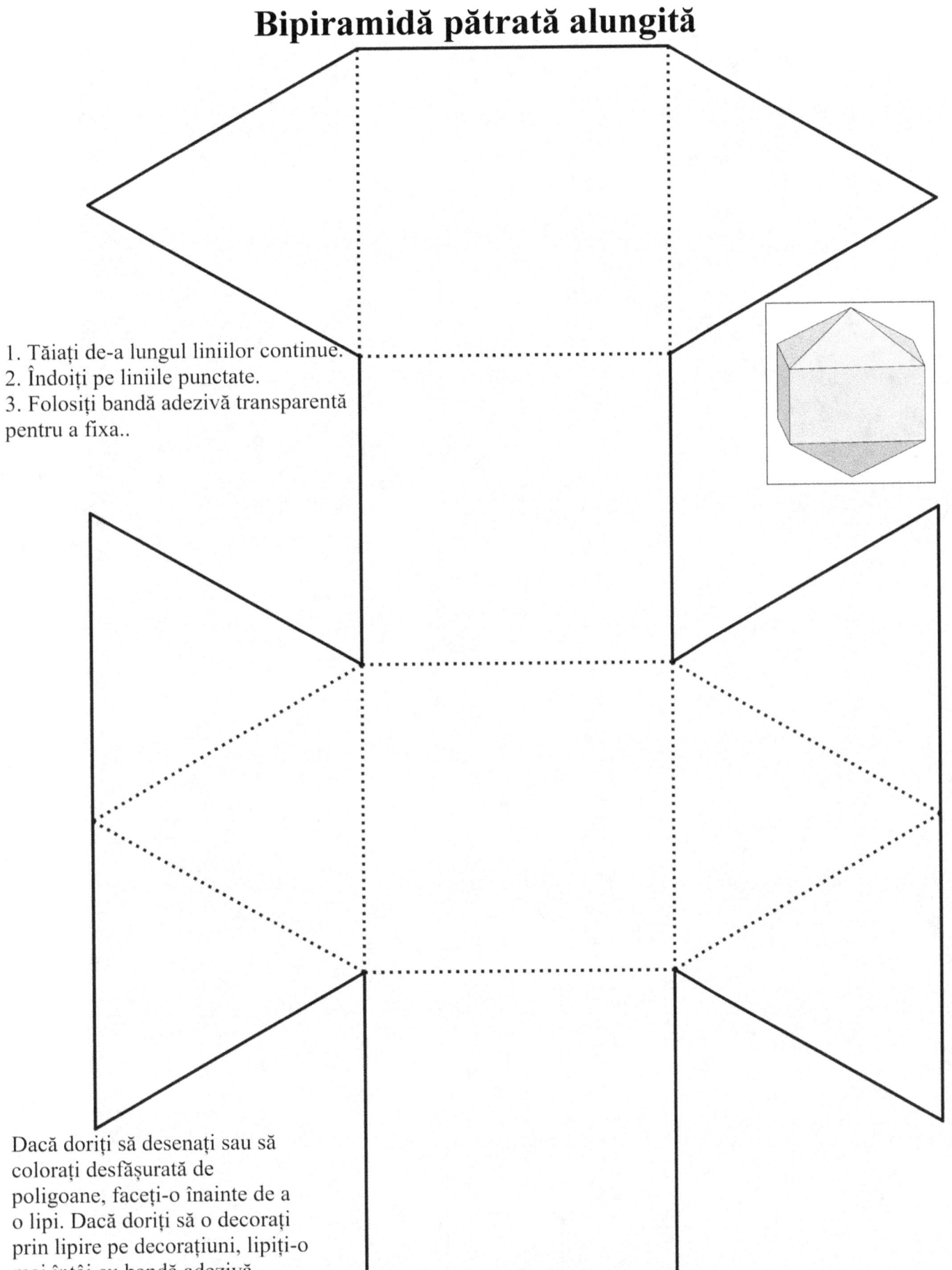

1. Tăiați de-a lungul liniilor continue.
2. Îndoiți pe liniile punctate.
3. Folosiți bandă adezivă transparentă pentru a fixa..

Dacă doriți să desenați sau să colorați desfășurată de poligoane, faceți-o înainte de a o lipi. Dacă doriți să o decorați prin lipire pe decorațiuni, lipiți-o mai întâi cu bandă adezivă.

Piramidă pătrată alungită

1. Tăiați de-a lungul liniilor continue.
2. Îndoiți pe liniile punctate.
3. Folosiți bandă adezivă transparentă pentru a fixa.

Dacă doriți să desenați sau să colorați desfășurată de poligoane, faceți-o înainte de a o lipi. Dacă doriți să o decorați prin lipire pe decorațiuni, lipiți-o mai întâi cu bandă adezivă.

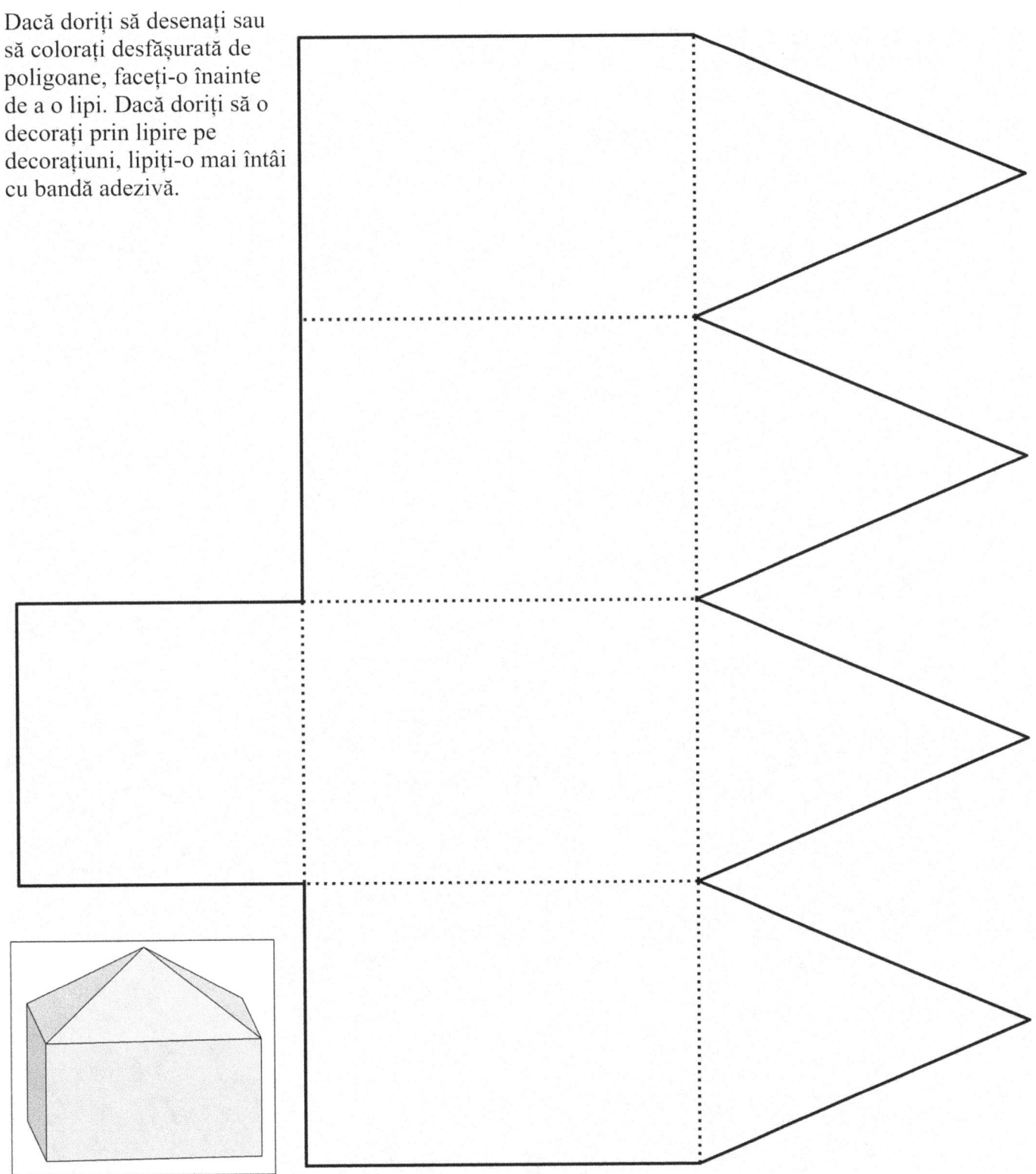

Desfășurată de poligoane - caiet de activități de David E. McAdams
Copyright 2024. Poate fi copiat numai pentru uz educațional accidental, necomercial.

Antiprismă triunghiulară alungită

1. Tăiați de-a lungul liniilor continue.
2. Îndoiți pe linii punctate.
3. Îndoiți înapoi pe linii întrerupte
4. Folosiți bandă transparentă pentru a fixa.

Dacă doriți să desenați sau să colorați desfășurată de poligoane, faceți-o înainte de a o lipi. Dacă doriți să o decorați prin lipire pe decorațiuni, lipiți-o mai întâi cu bandă adezivă.

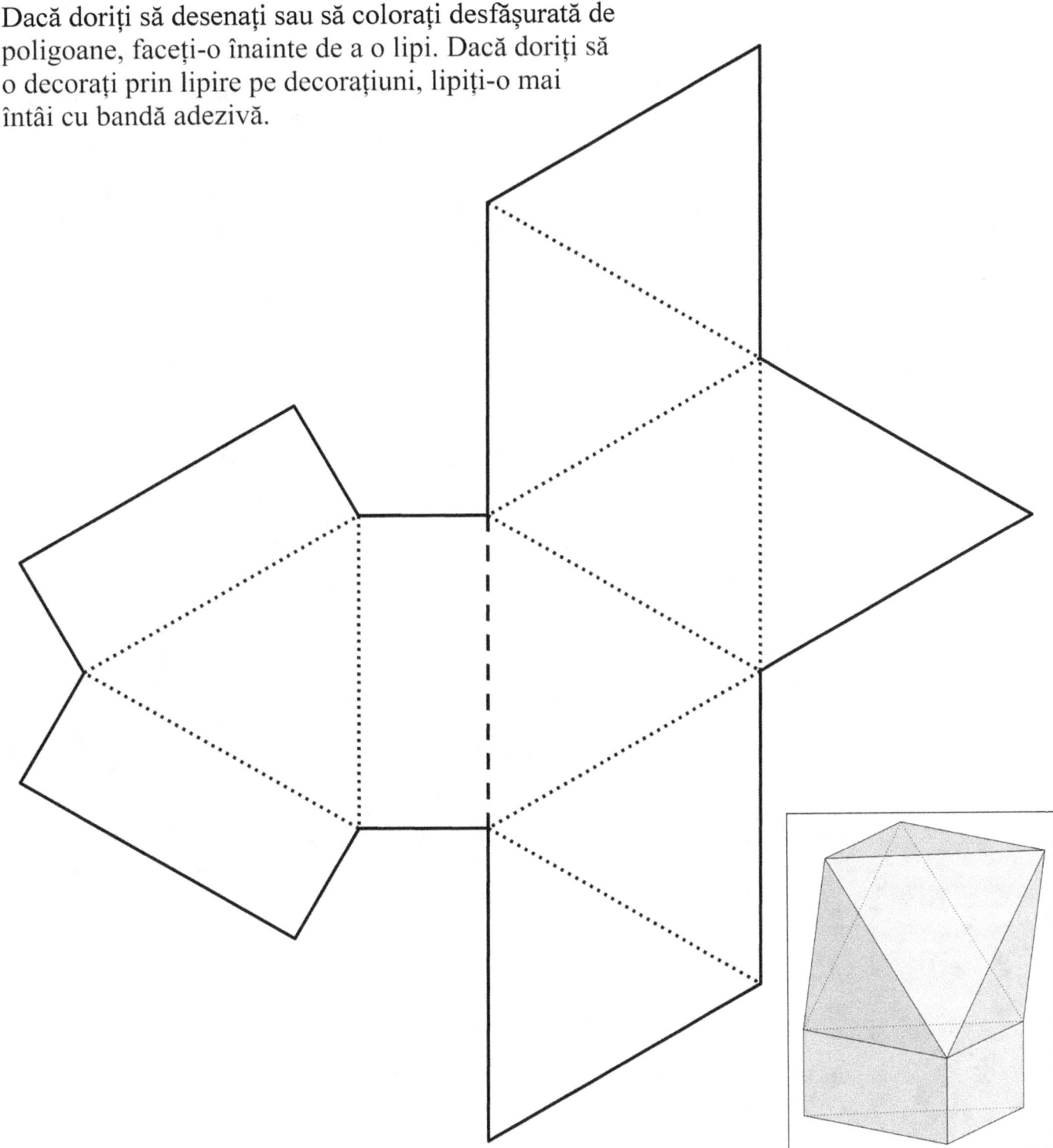

Cupolă triunghiulară alungită

1. Tăiați de-a lungul liniilor continue.
2. Îndoiți pe liniile punctate.
3. Folosiți bandă adezivă transparentă pentru a fixa.

Dacă doriți să desenați sau să colorați desfășurată de poligoane, faceți-o înainte de a o lipi. Dacă doriți să o decorați prin lipire pe decorațiuni, lipiți-o mai întâi cu bandă adezivă.

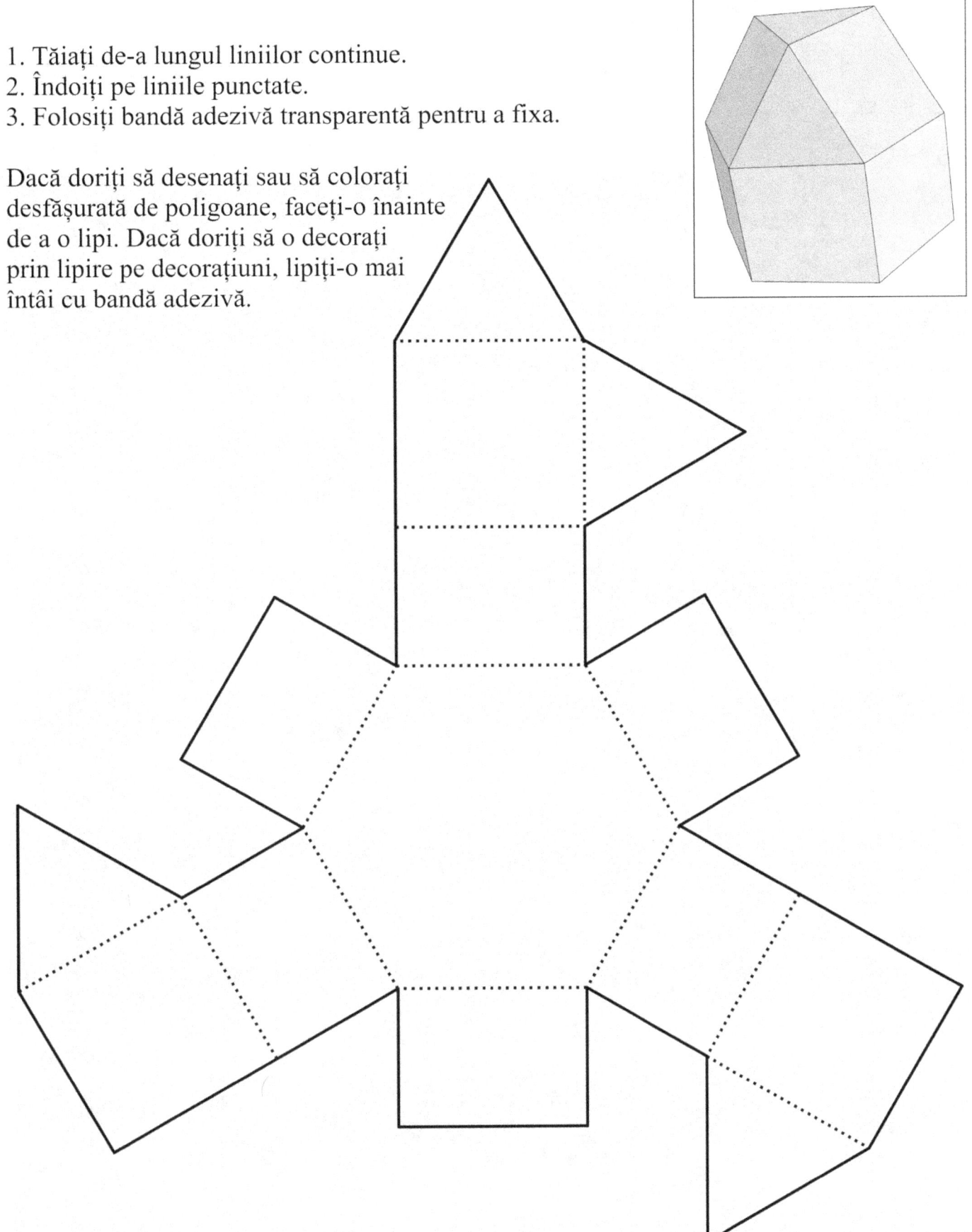

Desfășurată de poligoane - caiet de activități de David E. McAdams
Copyright 2024. Poate fi copiat numai pentru uz educațional accidental, necomercial.

Bipiramidă triunghiulară alungită

1. Tăiați de-a lungul liniilor continue.
2. Îndoiți pe liniile punctate.
3. Folosiți bandă adezivă transparentă pentru a fixa.

Dacă doriți să desenați sau să colorați desfășurată de poligoane, faceți-o înainte de a o lipi. Dacă doriți să o decorați prin lipire pe decorațiuni, lipiți-o mai întâi cu bandă adezivă.

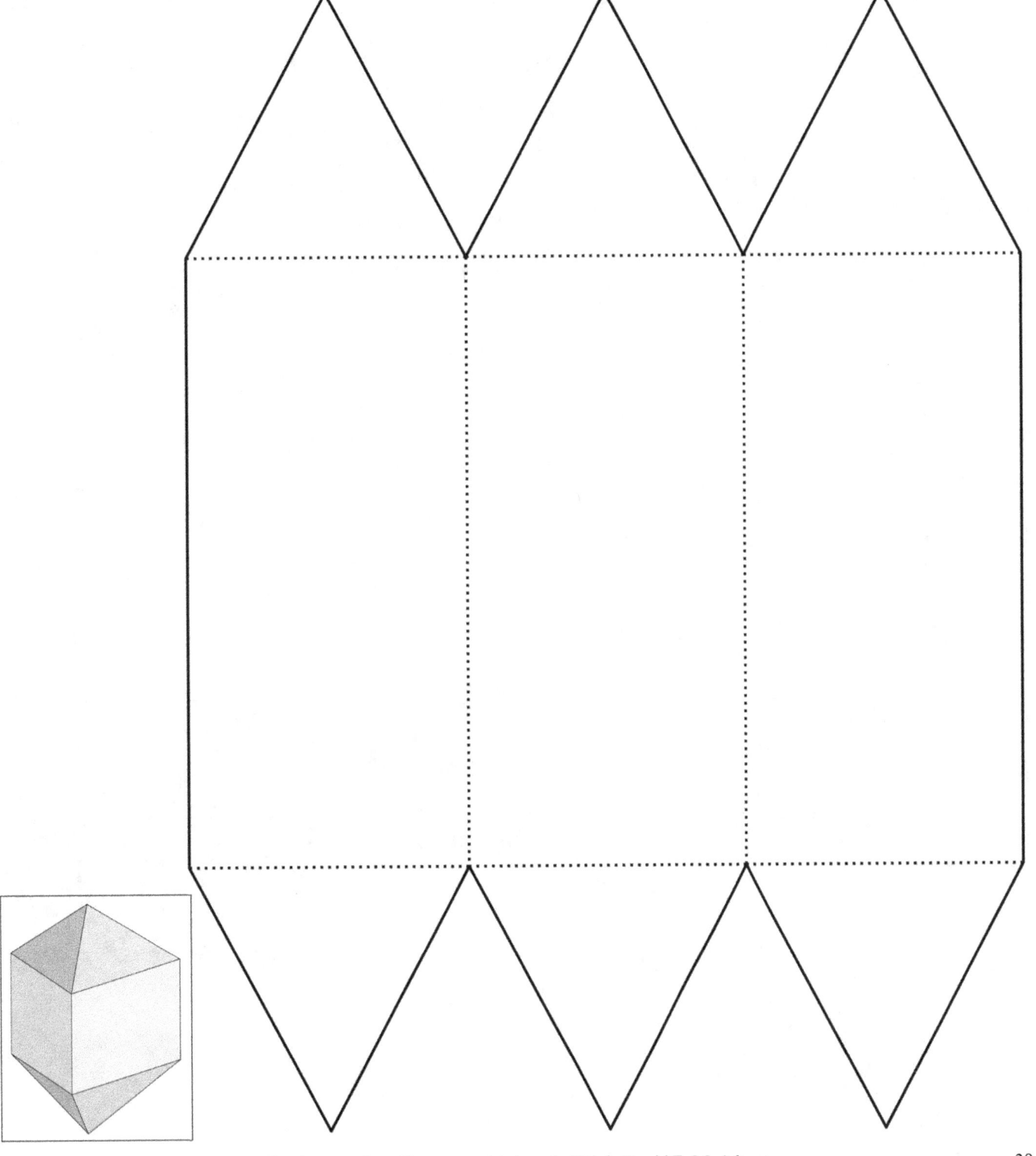

Desfășurată de poligoane - caiet de activități de David E. McAdams
Copyright 2024. Poate fi copiat numai pentru uz educațional accidental, necomercial.

Piramidă triunghiulară alungită

1. Tăiați de-a lungul liniilor continue.
2. Îndoiți pe liniile punctate.
3. Folosiți bandă adezivă transparentă pentru a fixa.

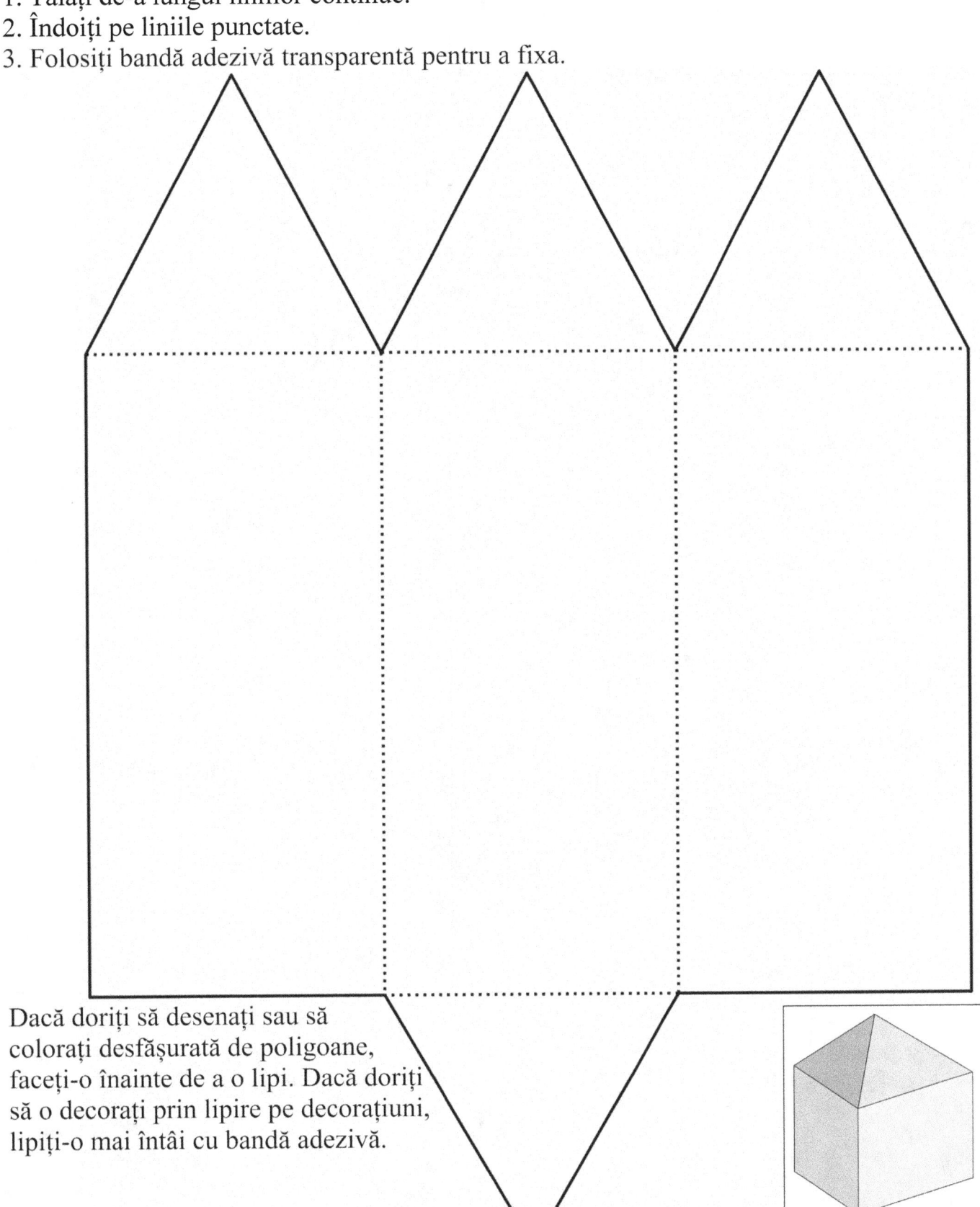

Dacă doriți să desenați sau să colorați desfășurată de poligoane, faceți-o înainte de a o lipi. Dacă doriți să o decorați prin lipire pe decorațiuni, lipiți-o mai întâi cu bandă adezivă.

Frustum al unei piramide decagonale

1. Tăiați de-a lungul liniilor continue.
2. Îndoiți pe liniile punctate.
3. Folosiți bandă adezivă transparentă pentru a fixa.

Dacă doriți să desenați sau să colorați desfășurată de poligoane, faceți-o înainte de a o lipi. Dacă doriți să o decorați prin lipire pe decorațiuni, lipiți-o mai întâi cu bandă adezivă.

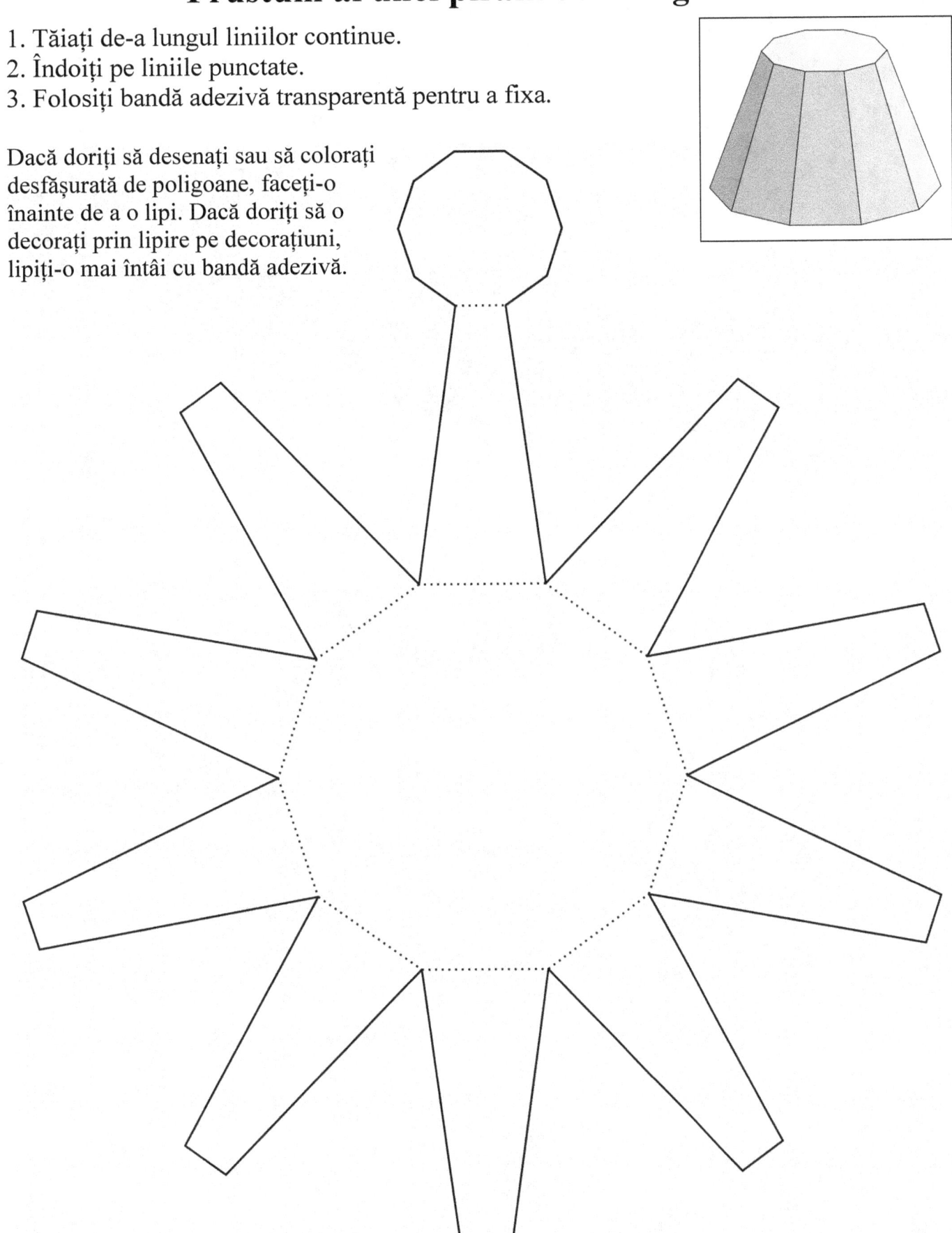

Frustum al unei piramide cuadrilaterale

1. Tăiați de-a lungul liniilor continue.
2. Îndoiți pe liniile punctate.
3. Folosiți bandă adezivă transparentă pentru a fixa.

Dacă doriți să desenați sau să colorați desfășurată de poligoane, faceți-o înainte de a o lipi. Dacă doriți să o decorați prin lipire pe decorațiuni, lipiți-o mai întâi cu bandă adezivă.

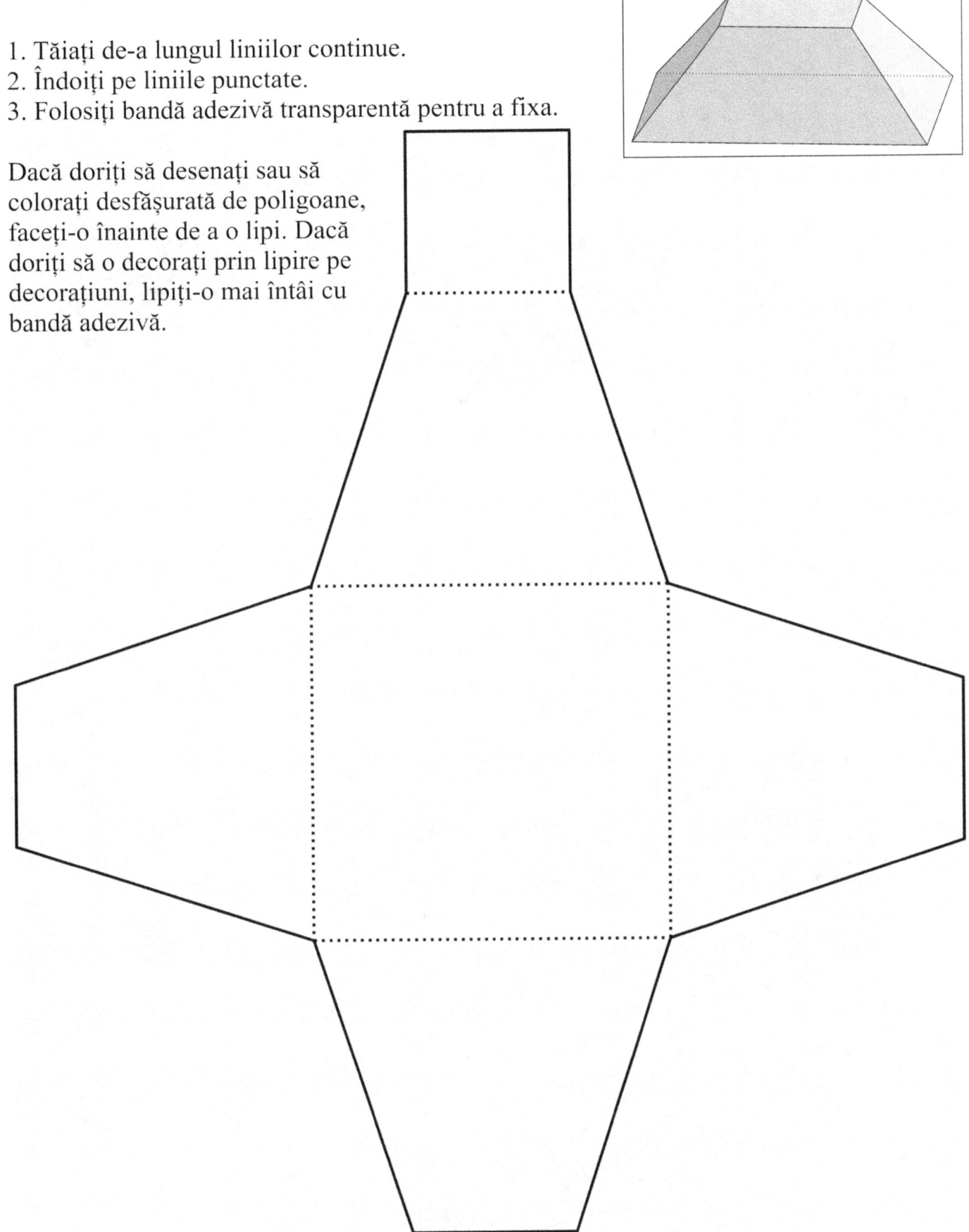

Frustum al unei piramide triunghiulare

1. Tăiați de-a lungul liniilor continue.
2. Îndoiți pe liniile punctate.
3. Folosiți bandă adezivă transparentă pentru a fixa.

Dacă doriți să desenați sau să colorați desfășurată de poligoane, faceți-o înainte de a o lipi. Dacă doriți să o decorați prin lipire pe decorațiuni, lipiți-o mai întâi cu bandă adezivă.

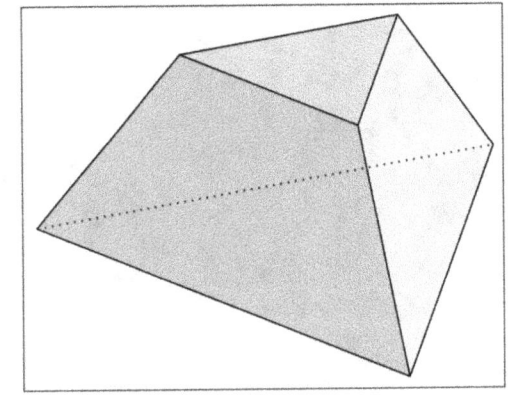

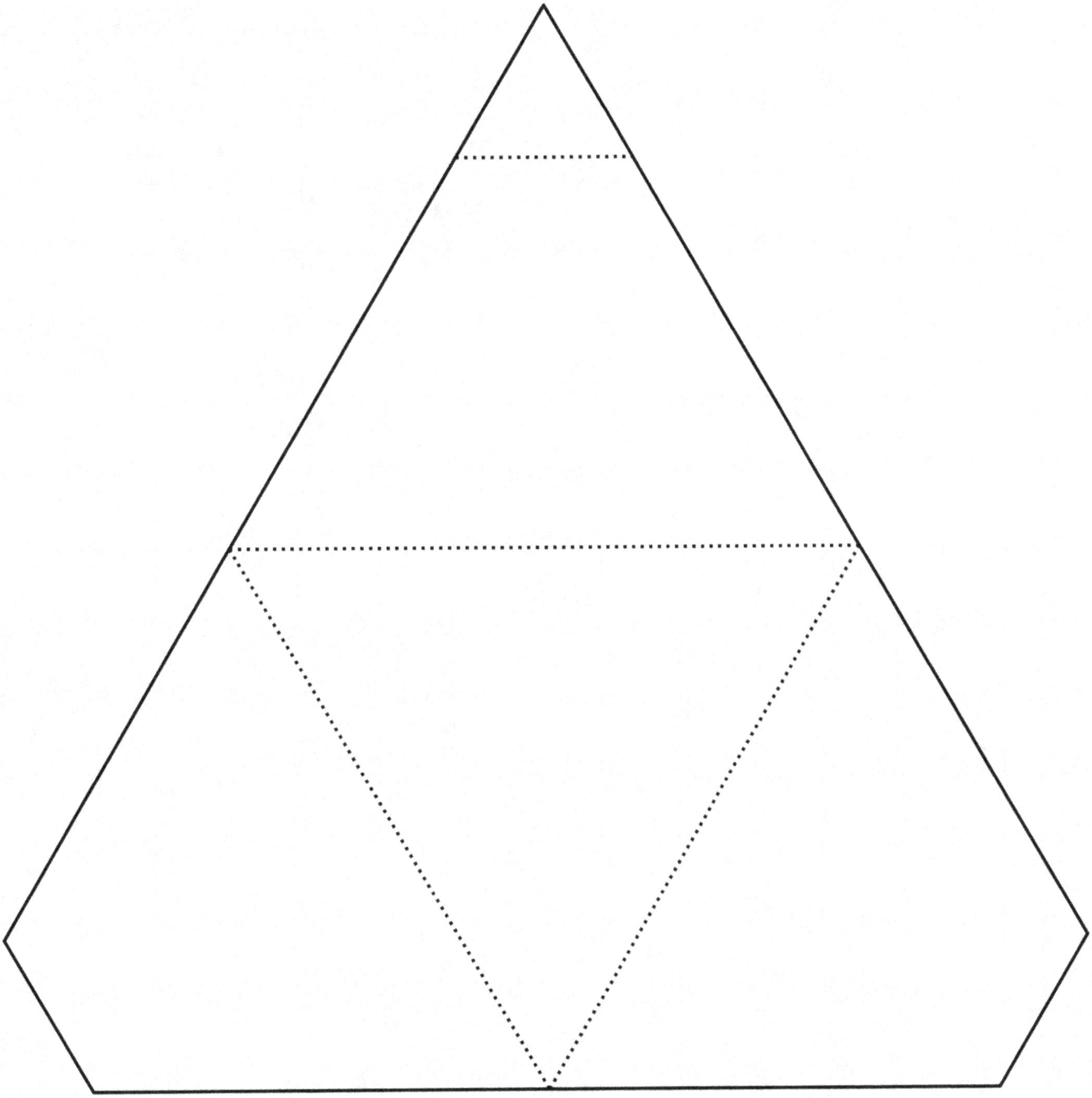

Marele dodecaedru

1. Tăiați de-a lungul liniilor continue.
2. Îndoiți pe linii punctate.
3. Îndoiți înapoi pe linii întrerupte
4. Folosiți bandă transparentă pentru a fixa.

Dacă doriți să desenați sau să colorați desfășurată de poligoane, faceți-o înainte de a o lipi. Dacă doriți să o decorați prin lipire pe decorațiuni, lipiți-o mai întâi cu bandă adezivă.

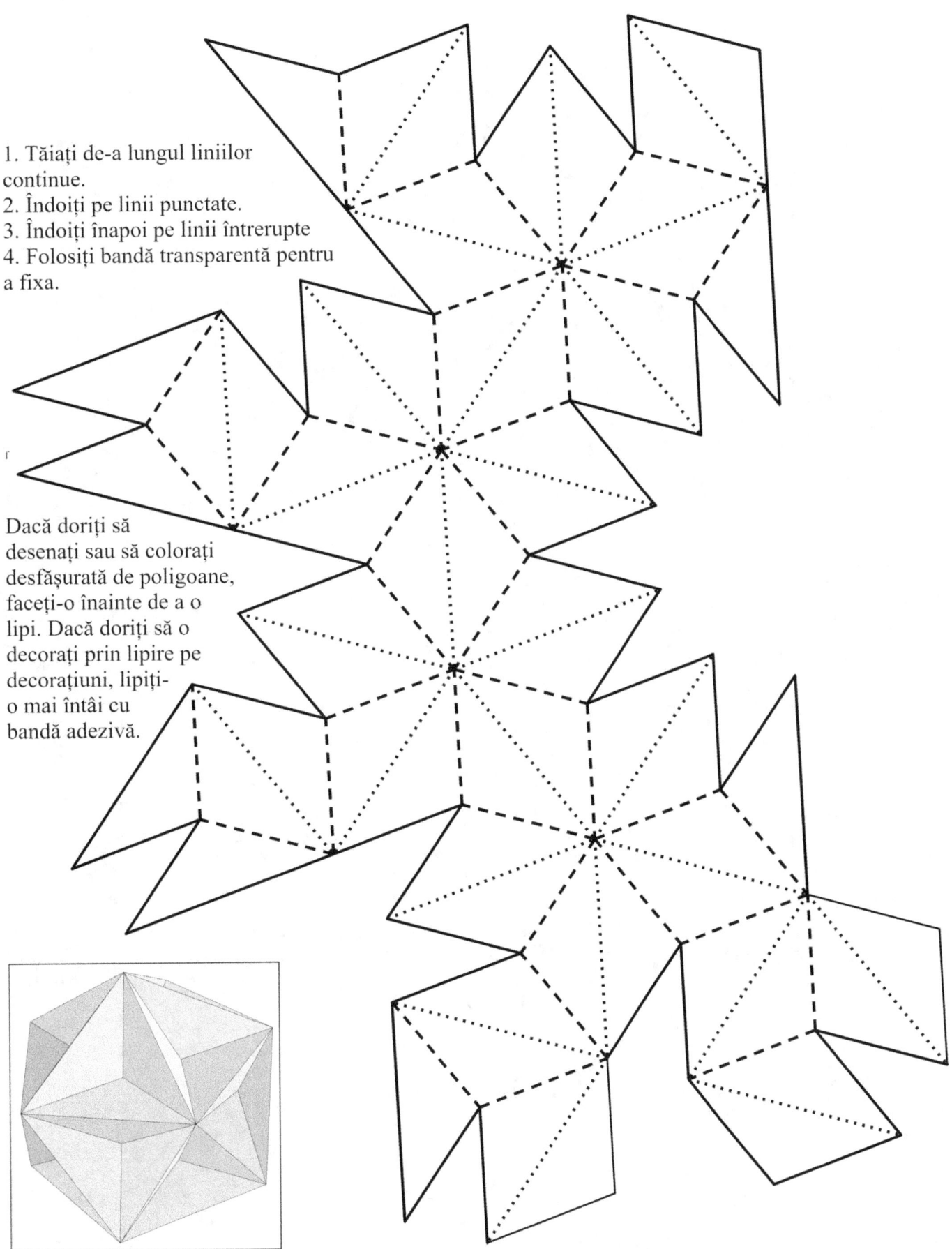

Desfășurată de poligoane - caiet de activități de David E. McAdams
Copyright 2024. Poate fi copiat numai pentru uz educațional accidental, necomercial.

Marele dodecaedru stelat

1. Aceasta este o parte în două desfășurată de poligoane. Jumătate este pe această pagină, iar jumătate este pe următoarea.
2. Tăiați ambele bucăți de-a lungul liniilor solide.
3. Lipiți cele două părți împreună la eticheta „A".
4. Îndoiți pe linii întrerupte.
5. Folosiți bandă transparentă pentru a fixa.

Dacă doriți să desenați sau să colorați desfășurată de poligoane, faceți-o înainte de a o lipi. Dacă doriți să o decorați prin lipire pe decorațiuni, lipiți-o mai întâi cu bandă adezivă.

A

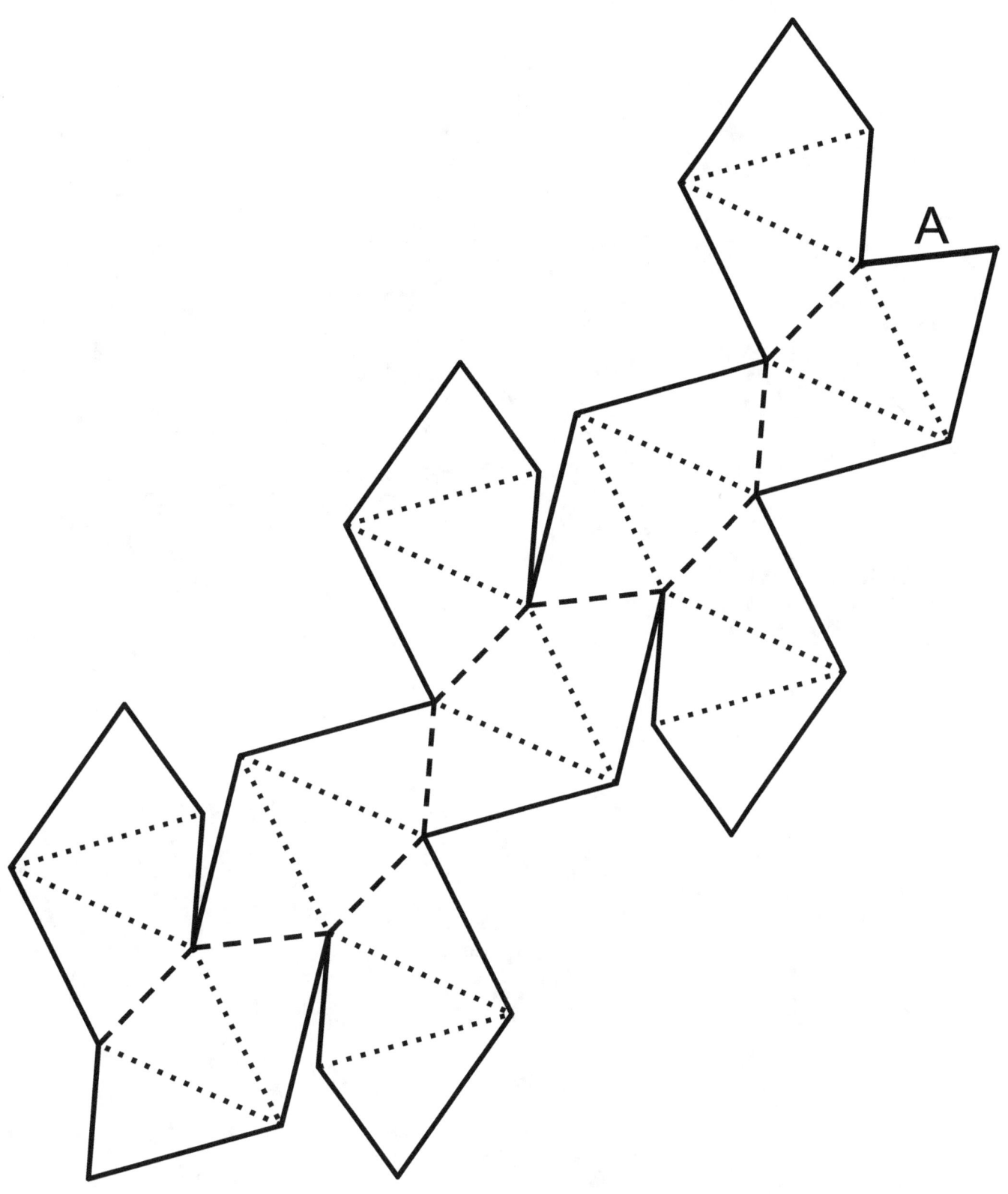

Piramidă pentagonală giroalungită

1. Tăiați de-a lungul liniilor continue.
2. Îndoiți pe liniile punctate.
3. Folosiți bandă adezivă transparentă pentru a fixa.

Dacă doriți să desenați sau să colorați desfășurată de poligoane, faceți-o înainte de a o lipi. Dacă doriți să o decorați prin lipire pe decorațiuni, lipiți-o mai întâi cu bandă adezivă.

Desfășurată de poligoane - caiet de activități de David E. McAdams
Copyright 2024. Poate fi copiat numai pentru uz educațional accidental, necomercial.

Bipiramidă pătrată giroalungită

1. Tăiați de-a lungul liniilor continue.
2. Îndoiți pe liniile punctate.
3. Folosiți bandă adezivă transparentă pentru a fixa.

Dacă doriți să desenați sau să colorați desfășurată de poligoane, faceți-o înainte de a o lipi. Dacă doriți să o decorați prin lipire pe decorațiuni, lipiți-o mai întâi cu bandă adezivă.

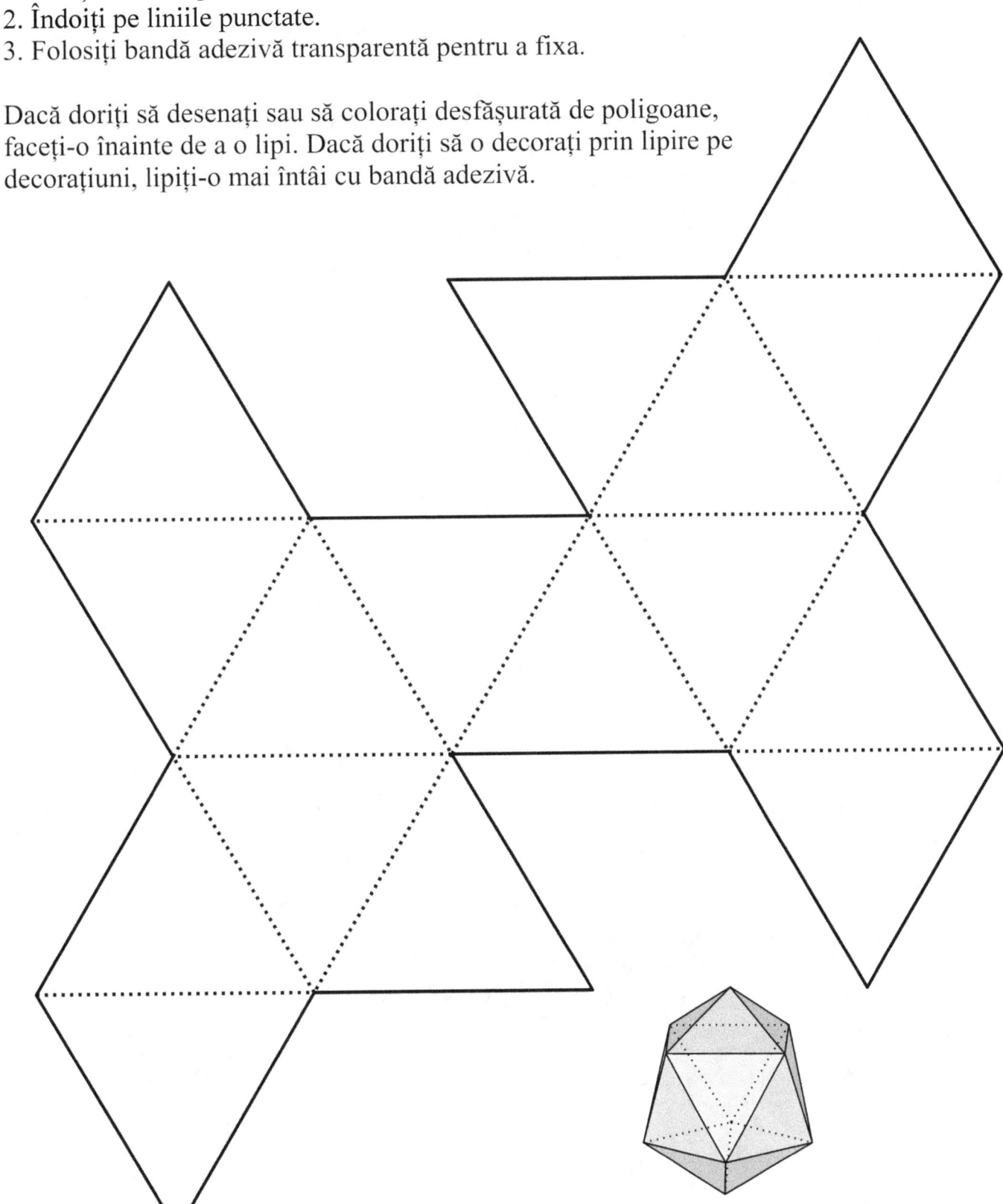

Prismă pătrată giroalungită

1. Tăiați de-a lungul liniilor continue.
2. Îndoiți pe liniile punctate.
3. Folosiți bandă adezivă transparentă pentru a fixa.

Dacă doriți să desenați sau să colorați desfășurată de poligoane, faceți-o înainte de a o lipi. Dacă doriți să o decorați prin lipire pe decorațiuni, lipiți-o mai întâi cu bandă adezivă.

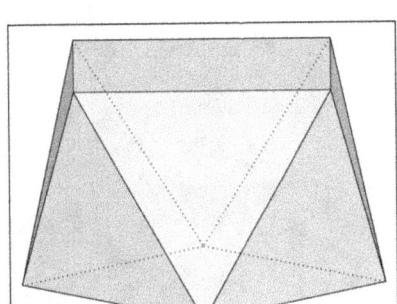

Desfășurată de poligoane - caiet de activități de David E. McAdams

Piramida pătrată giroalungită

1. Tăiați de-a lungul liniilor continue.
2. Îndoiți pe liniile punctate.
3. Folosiți bandă adezivă transparentă pentru a fixa.

Dacă doriți să desenați sau să colorați desfășurată de poligoane, faceți-o înainte de a o lipi. Dacă doriți să o decorați prin lipire pe decorațiuni, lipiți-o mai întâi cu bandă adezivă.

Piramida heptagonală

1. Tăiați de-a lungul liniilor continue.
2. Îndoiți pe liniile punctate.
3. Folosiți bandă adezivă transparentă pentru a fixa.

Dacă doriți să desenați sau să colorați desfășurată de poligoane, faceți-o înainte de a o lipi. Dacă doriți să o decorați prin lipire pe decorațiuni, lipiți-o mai întâi cu bandă adezivă.

Desfășurată de poligoane - caiet de activități de David E. McAdams
Copyright 2024. Poate fi copiat numai pentru uz educațional accidental, necomercial.

Heptaedru 4,4,4,3,3,3,3

1. Tăiați de-a lungul liniilor continue.
2. Îndoiți pe liniile punctate.
3. Folosiți bandă adezivă transparentă pentru a fixa.

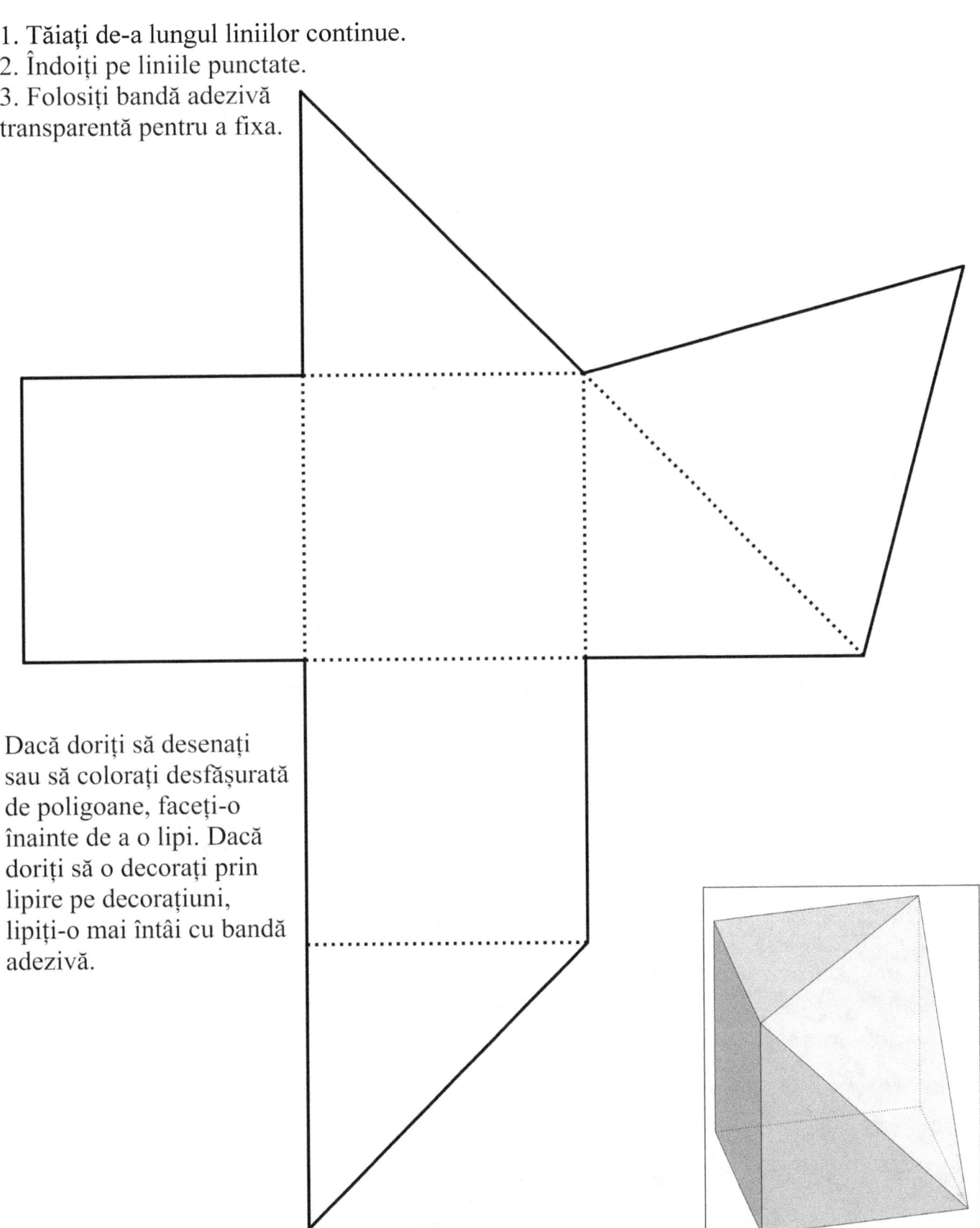

Dacă doriți să desenați sau să colorați desfășurată de poligoane, faceți-o înainte de a o lipi. Dacă doriți să o decorați prin lipire pe decorațiuni, lipiți-o mai întâi cu bandă adezivă.

Heptaedru 5,5,5,4,4,4,3

1. Tăiați de-a lungul liniilor continue.
2. Îndoiți pe liniile punctate.
3. Folosiți bandă adezivă transparentă pentru a fixa.

Dacă doriți să desenați sau să colorați desfășurată de poligoane, faceți-o înainte de a o lipi. Dacă doriți să o decorați prin lipire pe decorațiuni, lipiți-o mai întâi cu bandă adezivă.

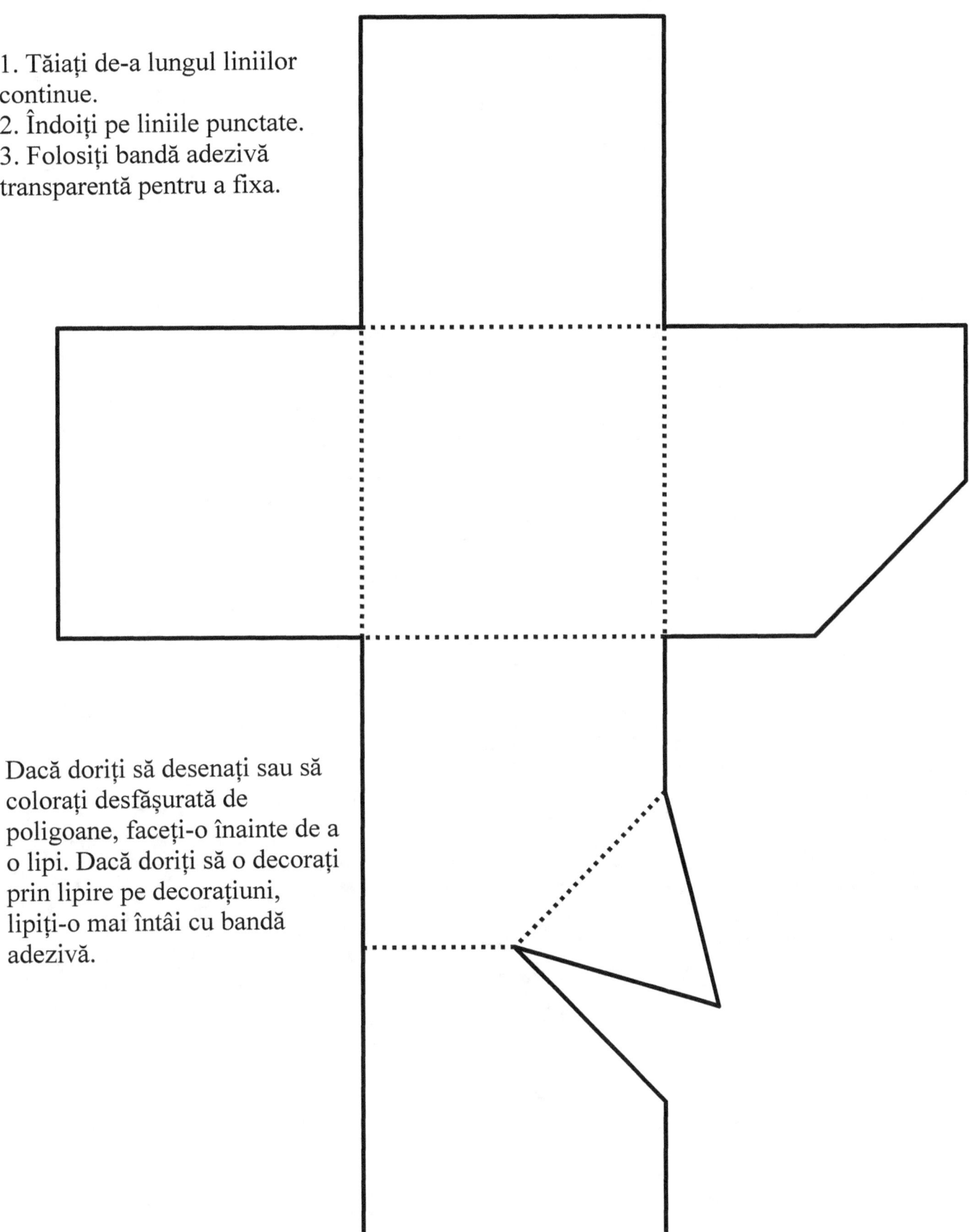

Heptaedru 6,6,4,4,4,3,3

1. Tăiați de-a lungul liniilor continue.
2. Îndoiți pe liniile punctate.
3. Folosiți bandă adezivă transparentă pentru a fixa.

Dacă doriți să desenați sau să colorați desfășurată de poligoane, faceți-o înainte de a o lipi. Dacă doriți să o decorați prin lipire pe decorațiuni, lipiți-o mai întâi cu bandă adezivă.

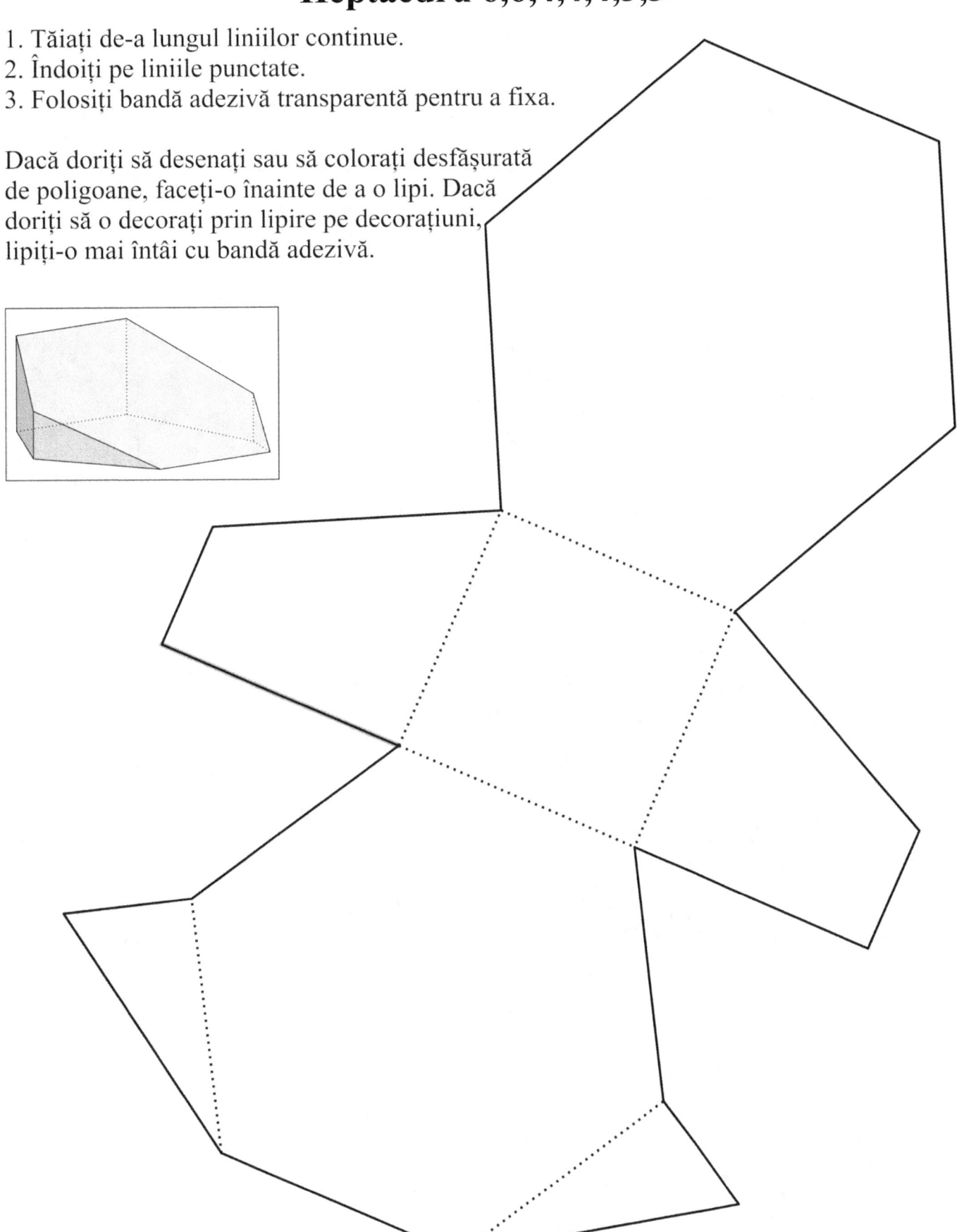

Desfășurată de poligoane - caiet de activități de David E. McAdams
Copyright 2024. Poate fi copiat numai pentru uz educațional accidental, necomercial.

Prismă hexagonală

1. Tăiați de-a lungul liniilor continue.
2. Îndoiți pe liniile punctate.
3. Folosiți bandă adezivă transparentă pentru a fixa.

Dacă doriți să desenați sau să colorați desfășurată de poligoane, faceți-o înainte de a o lipi. Dacă doriți să o decorați prin lipire pe decorațiuni, lipiți-o mai întâi cu bandă adezivă.

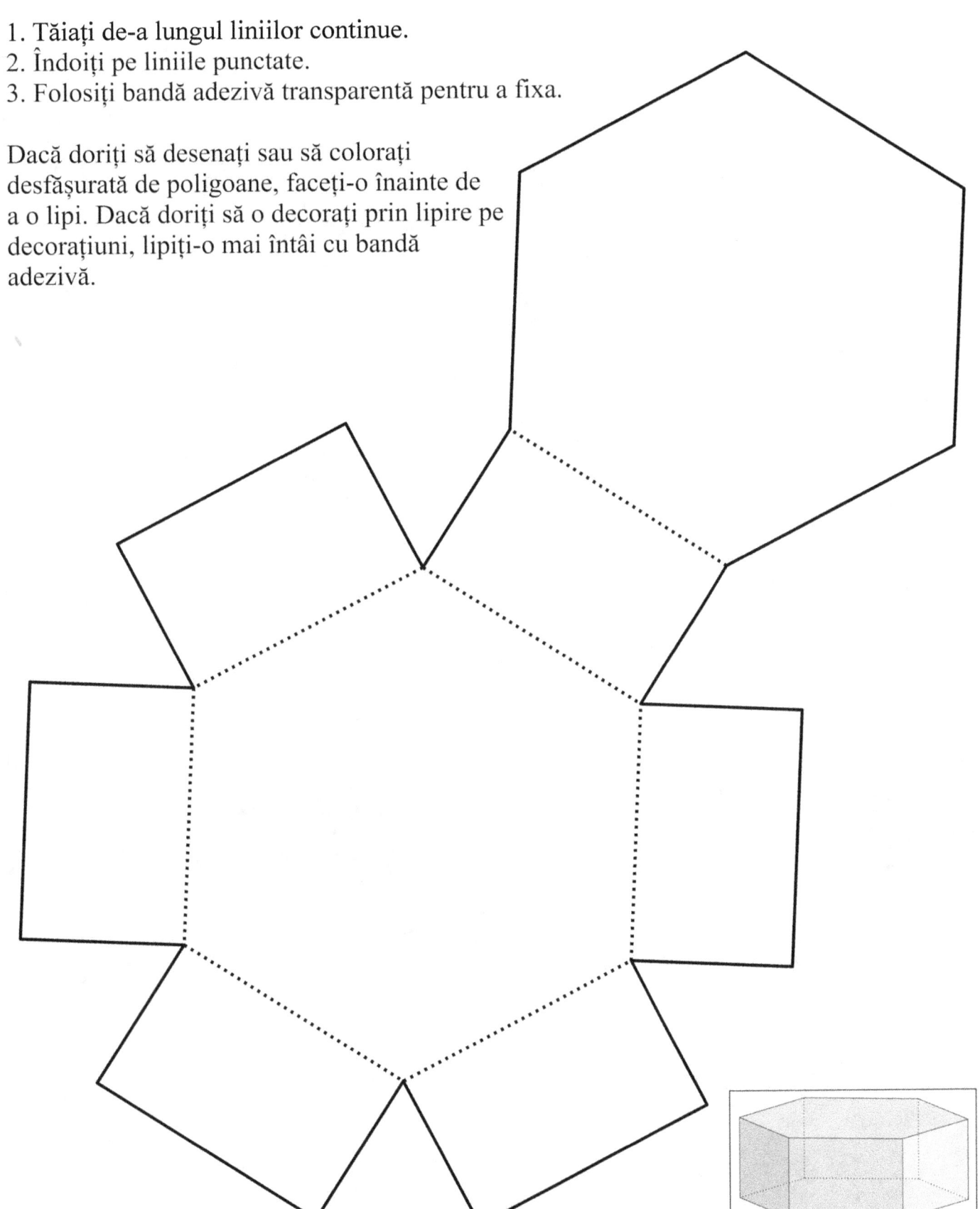

Piramidă hexagonală

1. Tăiați de-a lungul liniilor continue.
2. Îndoiți pe liniile punctate.
3. Folosiți bandă adezivă transparentă pentru a fixa.

Dacă doriți să desenați sau să colorați desfășurată de poligoane, faceți-o înainte de a o lipi. Dacă doriți să o decorați prin lipire pe decorațiuni, lipiți-o mai întâi cu bandă adezivă.

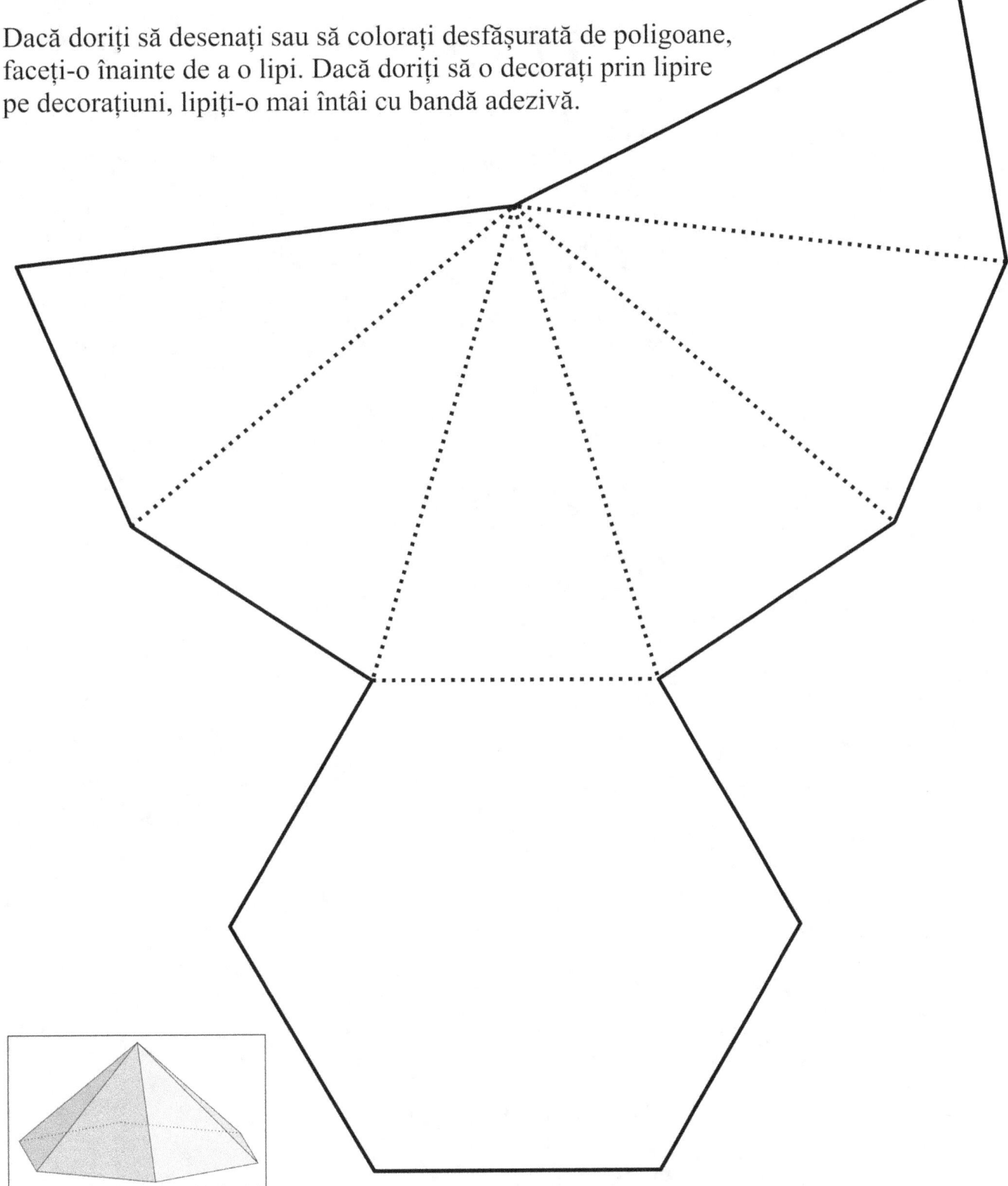

Hexaedru 4,4,4,4,3,3

1. Tăiați de-a lungul liniilor continue.
2. Îndoiți pe liniile punctate.
3. Folosiți bandă adezivă transparentă pentru a fixa.

Dacă doriți să desenați sau să colorați desfășurată de poligoane, faceți-o înainte de a o lipi. Dacă doriți să o decorați prin lipire pe decorațiuni, lipiți-o mai întâi cu bandă adezivă.

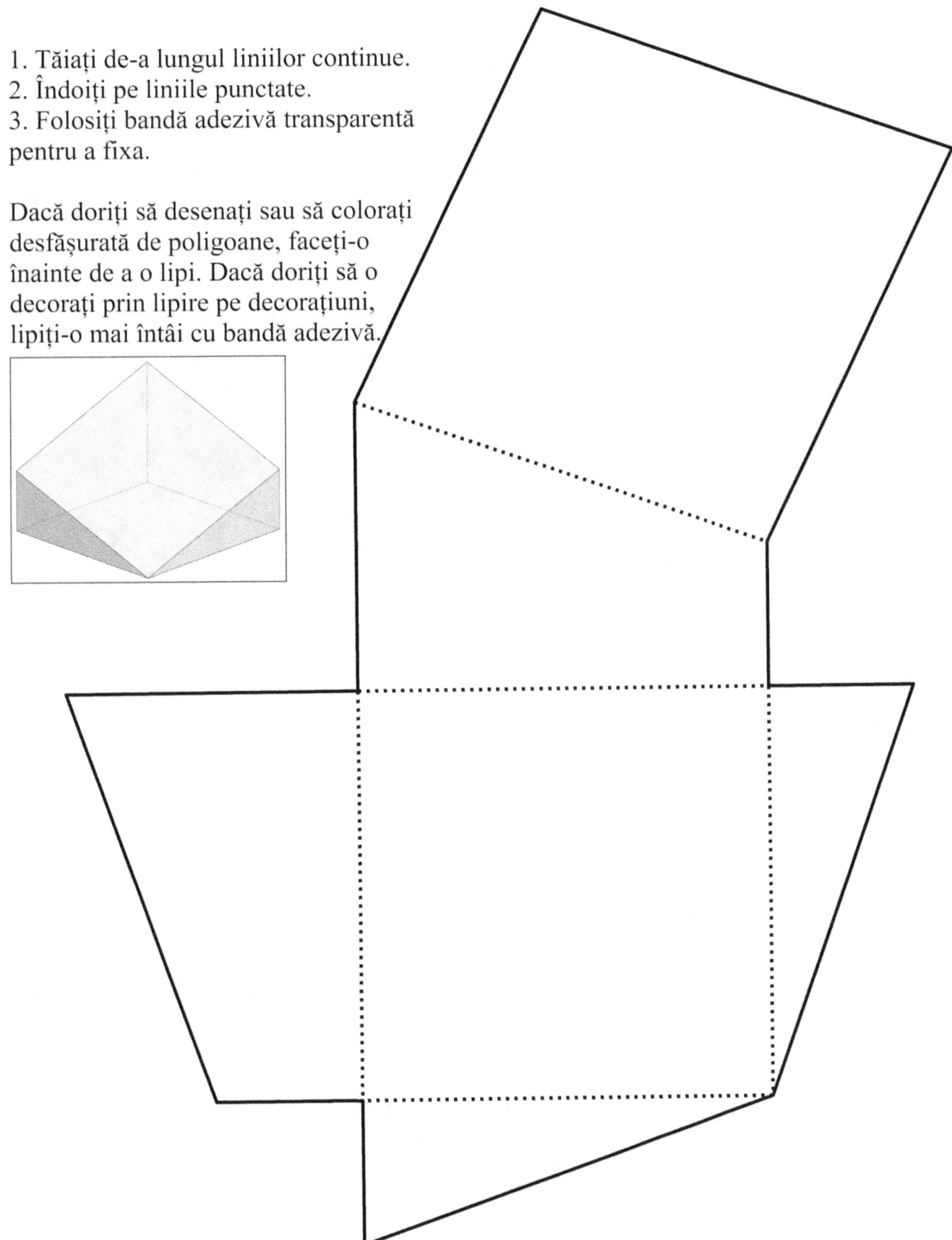

Desfășurată de poligoane - caiet de activități de David E. McAdams
Copyright 2024. Poate fi copiat numai pentru uz educațional accidental, necomercial.

Hexaedru 5,4,4,3,3,3

1. Tăiați de-a lungul liniilor continue.
2. Îndoiți pe liniile punctate.
3. Folosiți bandă adezivă transparentă pentru a fixa.

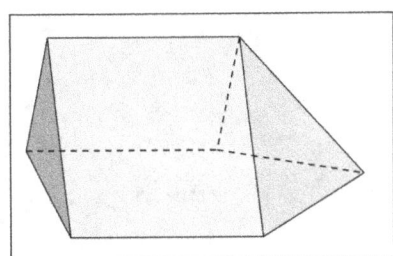

Dacă doriți să desenați sau să colorați desfășurată de poligoane, faceți-o înainte de a o lipi. Dacă doriți să o decorați prin lipire pe decorațiuni, lipiți-o mai întâi cu bandă adezivă.

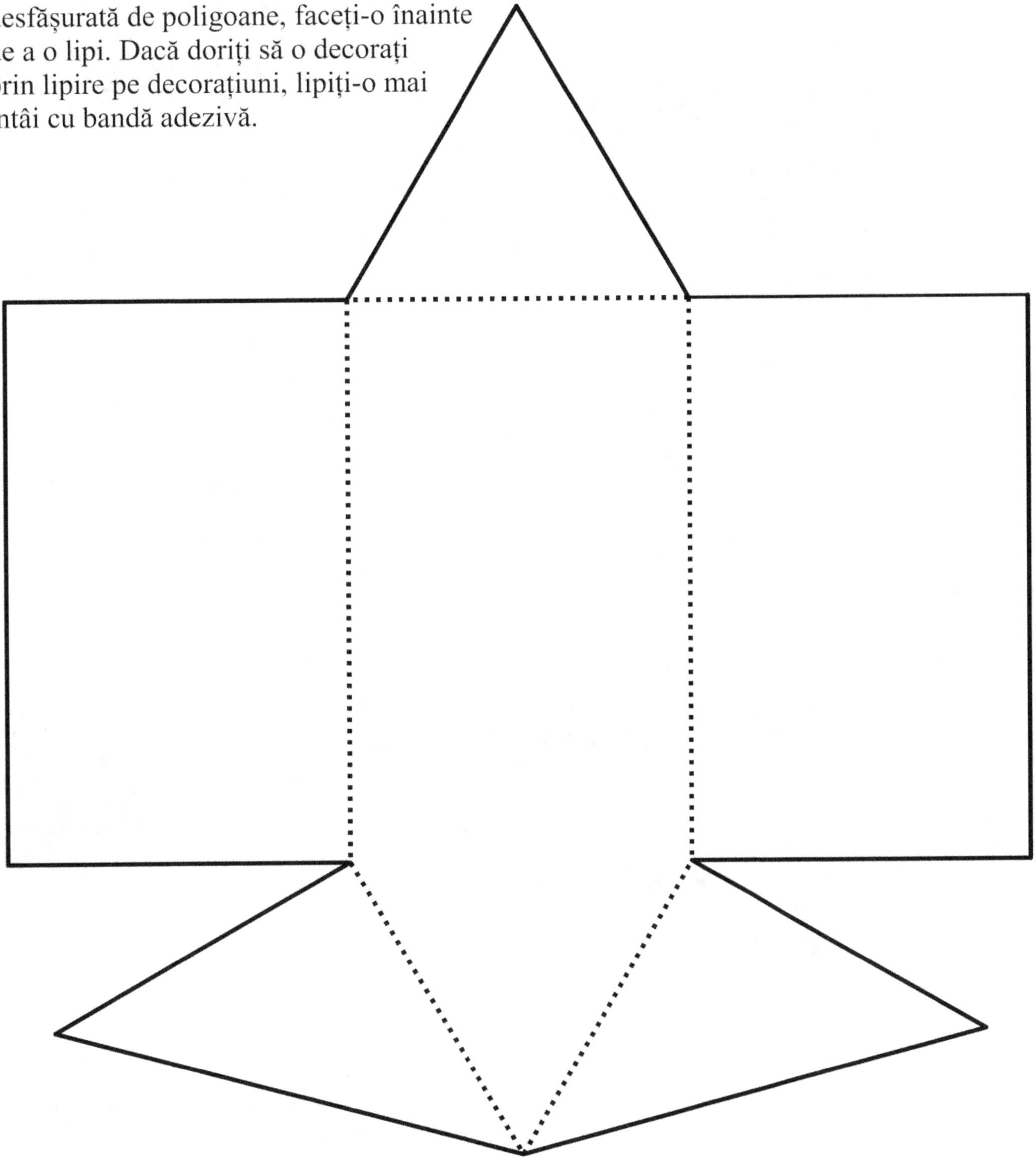

Hexaedru 5,5,4,4,3,3

1. Tăiați de-a lungul liniilor continue.
2. Îndoiți pe liniile punctate.
3. Folosiți bandă adezivă transparentă pentru a fixa.

Dacă doriți să desenați sau să colorați desfășurată de poligoane, faceți-o înainte de a o lipi. Dacă doriți să o decorați prin lipire pe decorațiuni, lipiți-o mai întâi cu bandă adezivă.

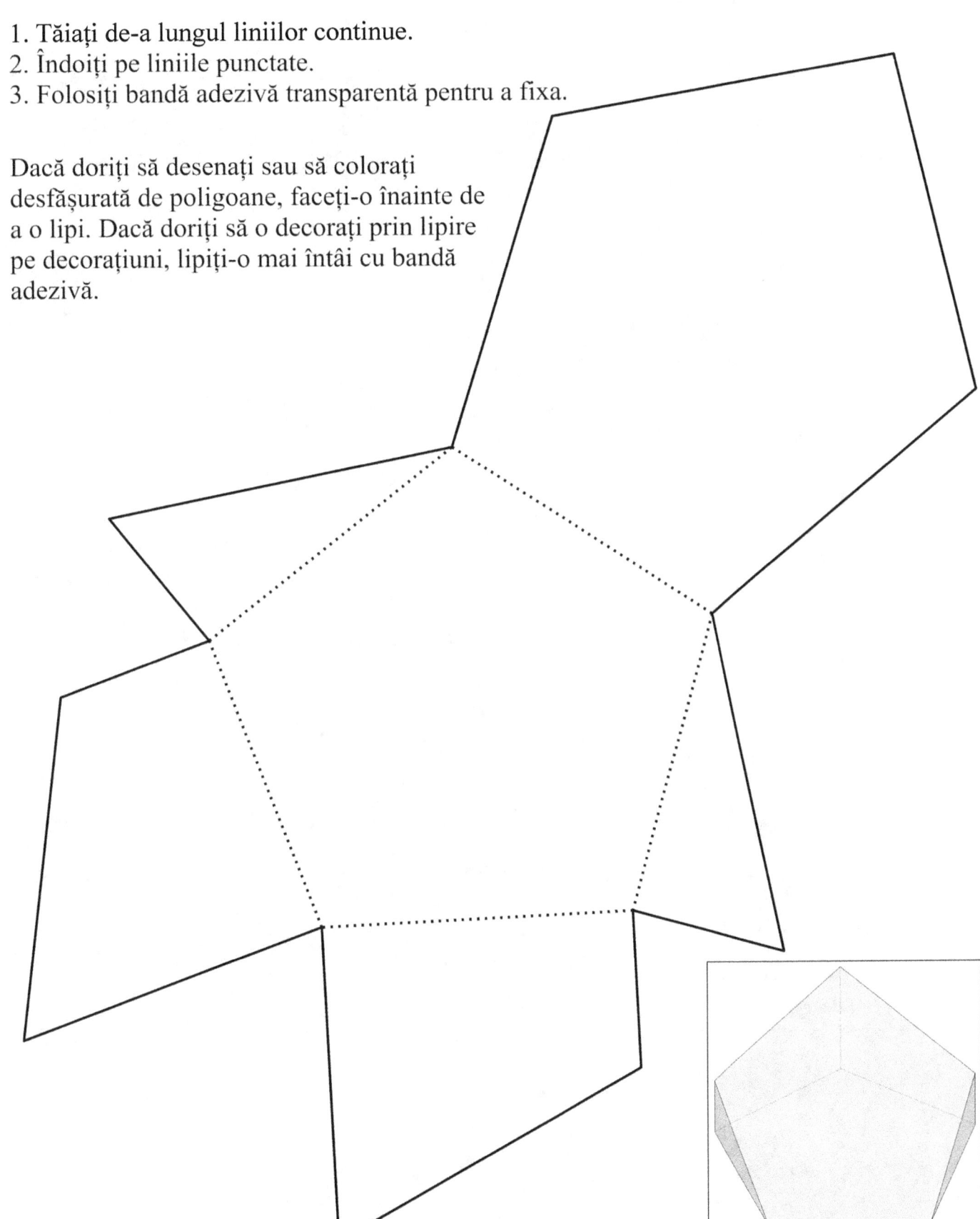

Desfășurată de poligoane - caiet de activități de David E. McAdams
Copyright 2024. Poate fi copiat numai pentru uz educațional accidental, necomercial.

Icosaedru regulat

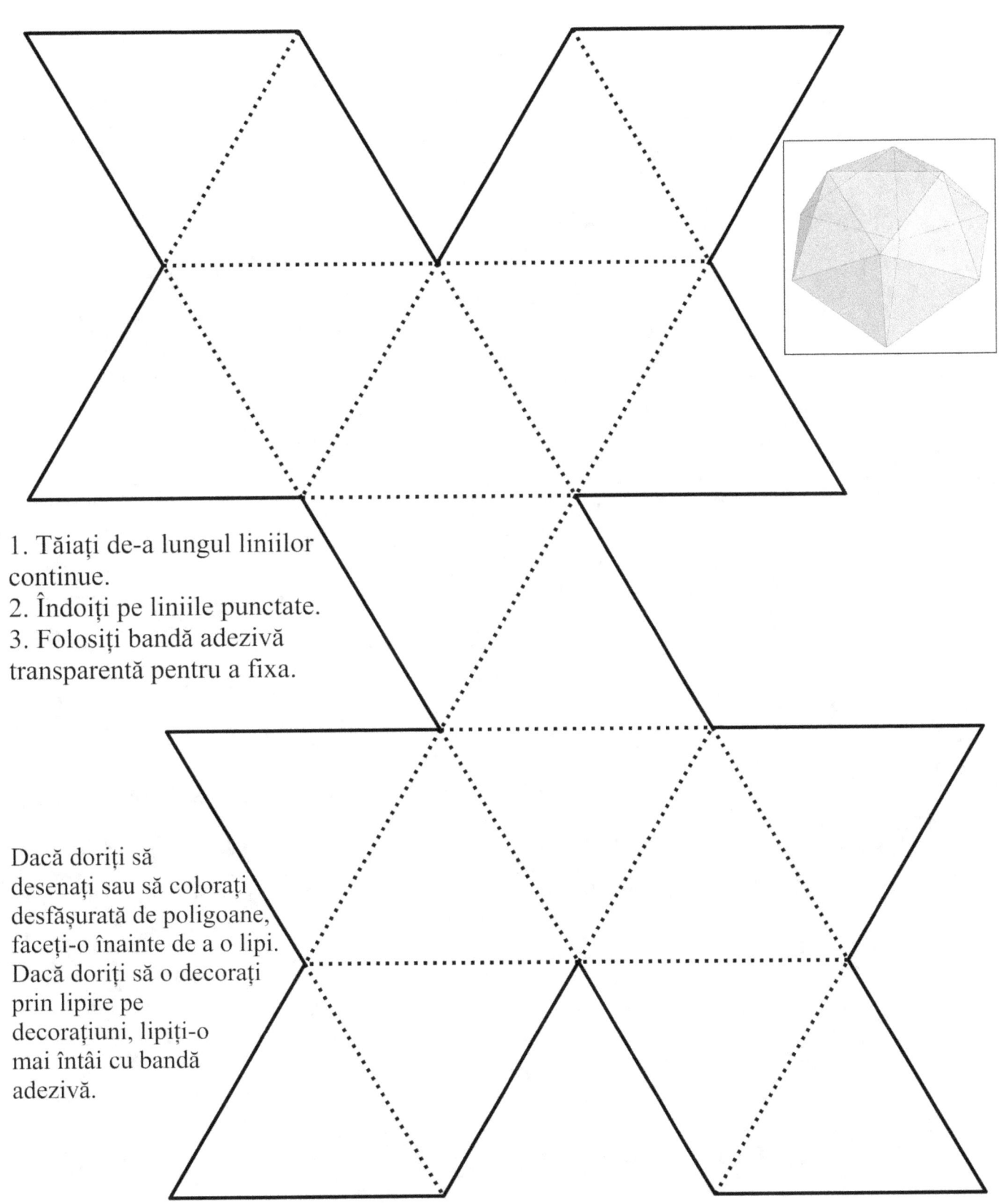

1. Tăiați de-a lungul liniilor continue.
2. Îndoiți pe liniile punctate.
3. Folosiți bandă adezivă transparentă pentru a fixa.

Dacă doriți să desenați sau să colorați desfășurată de poligoane, faceți-o înainte de a o lipi. Dacă doriți să o decorați prin lipire pe decorațiuni, lipiți-o mai întâi cu bandă adezivă.

Icosidodecaedru

1. Tăiați de-a lungul liniilor continue.
2. Îndoiți pe liniile punctate.
3. Folosiți bandă adezivă transparentă pentru a fixa.

Dacă doriți să desenați sau să colorați desfășurată de poligoane, faceți-o înainte de a o lipi. Dacă doriți să o decorați prin lipire pe decorațiuni, lipiți-o mai întâi cu bandă adezivă.

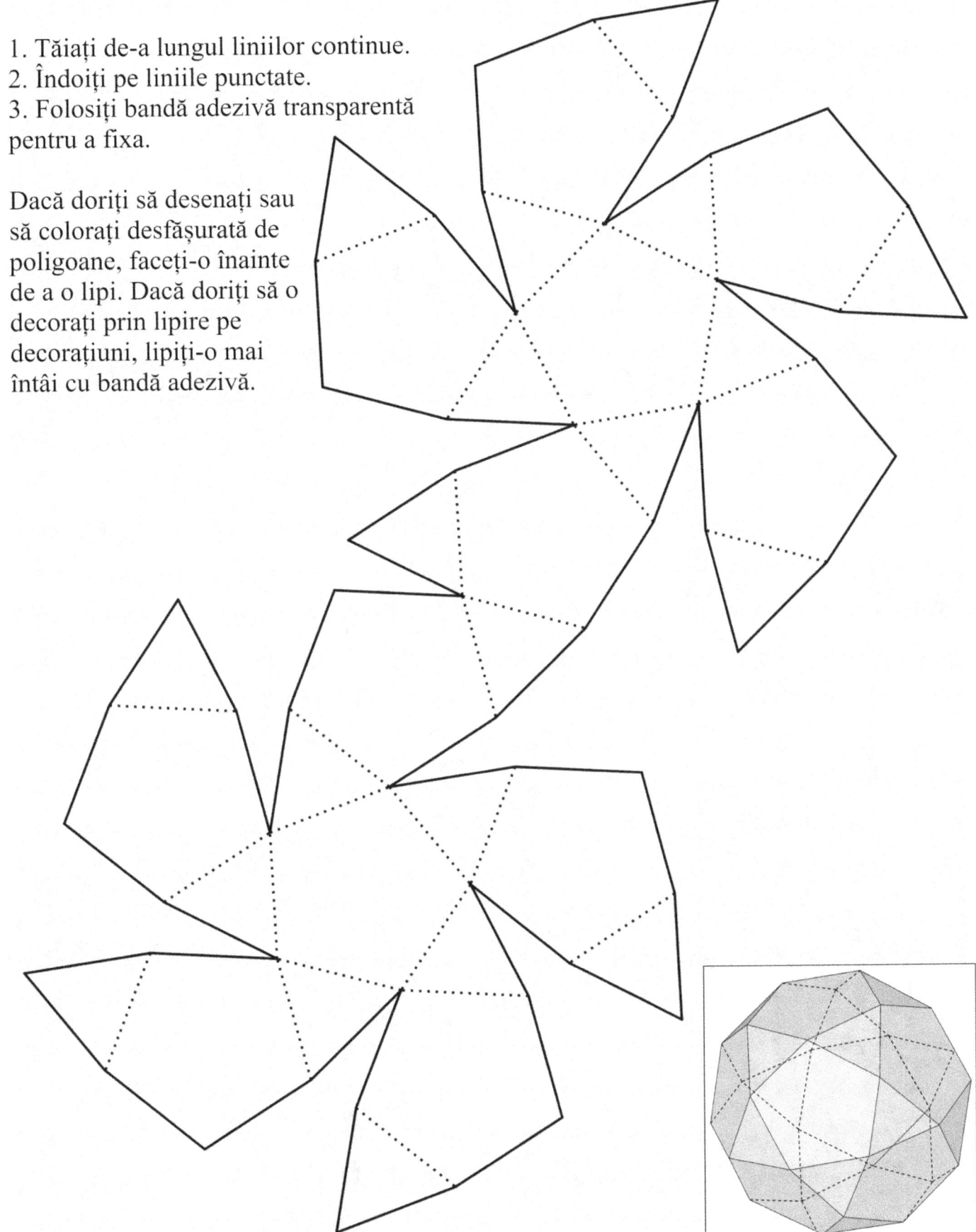

Desfășurată de poligoane - caiet de activități de David E. McAdams
Copyright 2024. Poate fi copiat numai pentru uz educațional accidental, necomercial.

Piramida pătrată oblică

1. Tăiați de-a lungul liniilor continue.
2. Îndoiți pe liniile punctate.
3. Folosiți bandă adezivă transparentă pentru a fixa.

Dacă doriți să desenați sau să colorați desfășurată de poligoane, faceți-o înainte de a o lipi. Dacă doriți să o decorați prin lipire pe decorațiuni, lipiți-o mai întâi cu bandă adezivă.

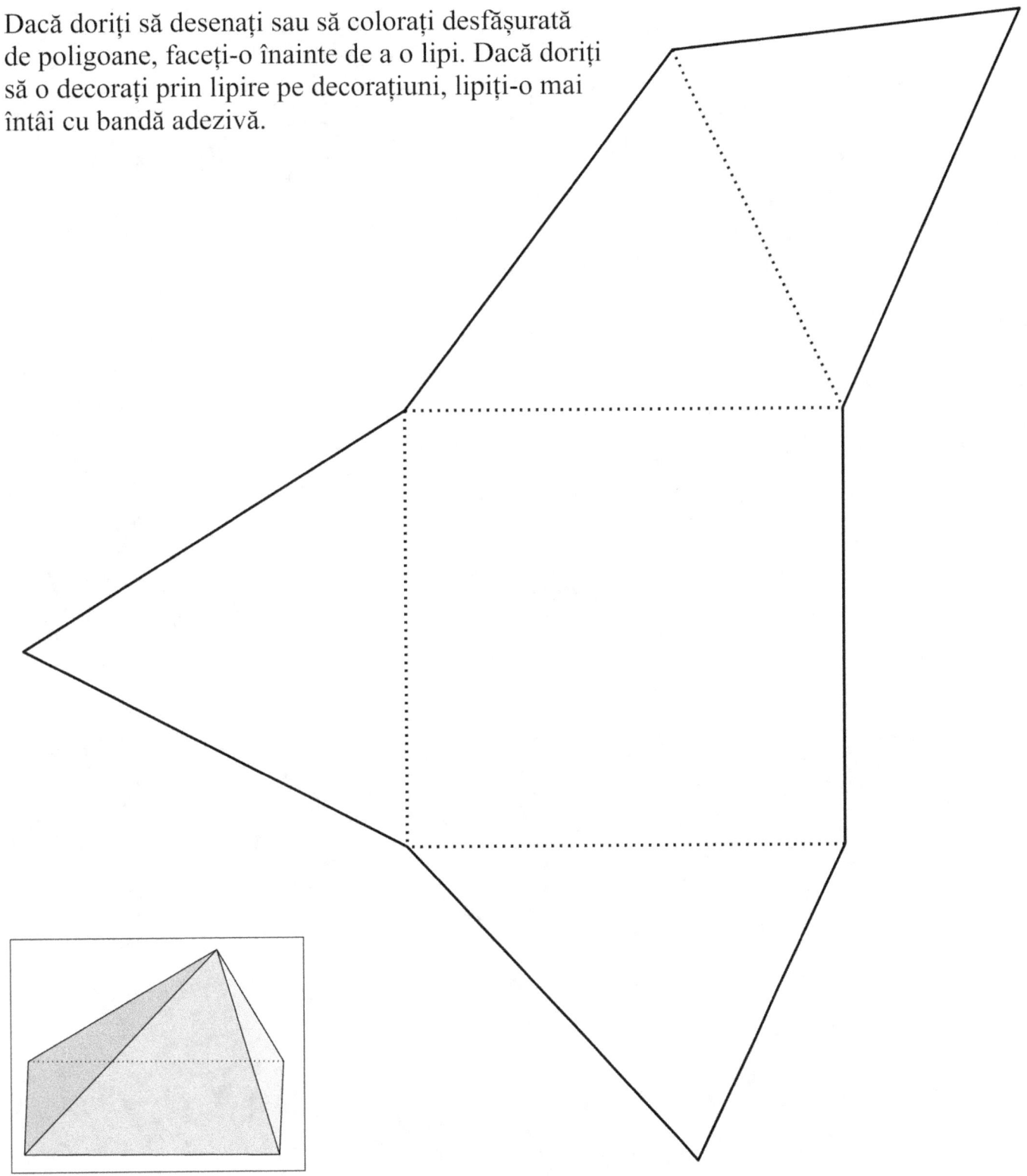

Desfășurată de poligoane - caiet de activități de David E. McAdams
Copyright 2024. Poate fi copiat numai pentru uz educațional accidental, necomercial.

Antiprismă octogonală

1. Tăiați de-a lungul liniilor continue.
2. Îndoiți pe liniile punctate.
3. Folosiți bandă adezivă transparentă pentru a fixa.

Dacă doriți să desenați sau să colorați desfășurată de poligoane, faceți-o înainte de a o lipi. Dacă doriți să o decorați prin lipire pe decorațiuni, lipiți-o mai întâi cu bandă adezivă.

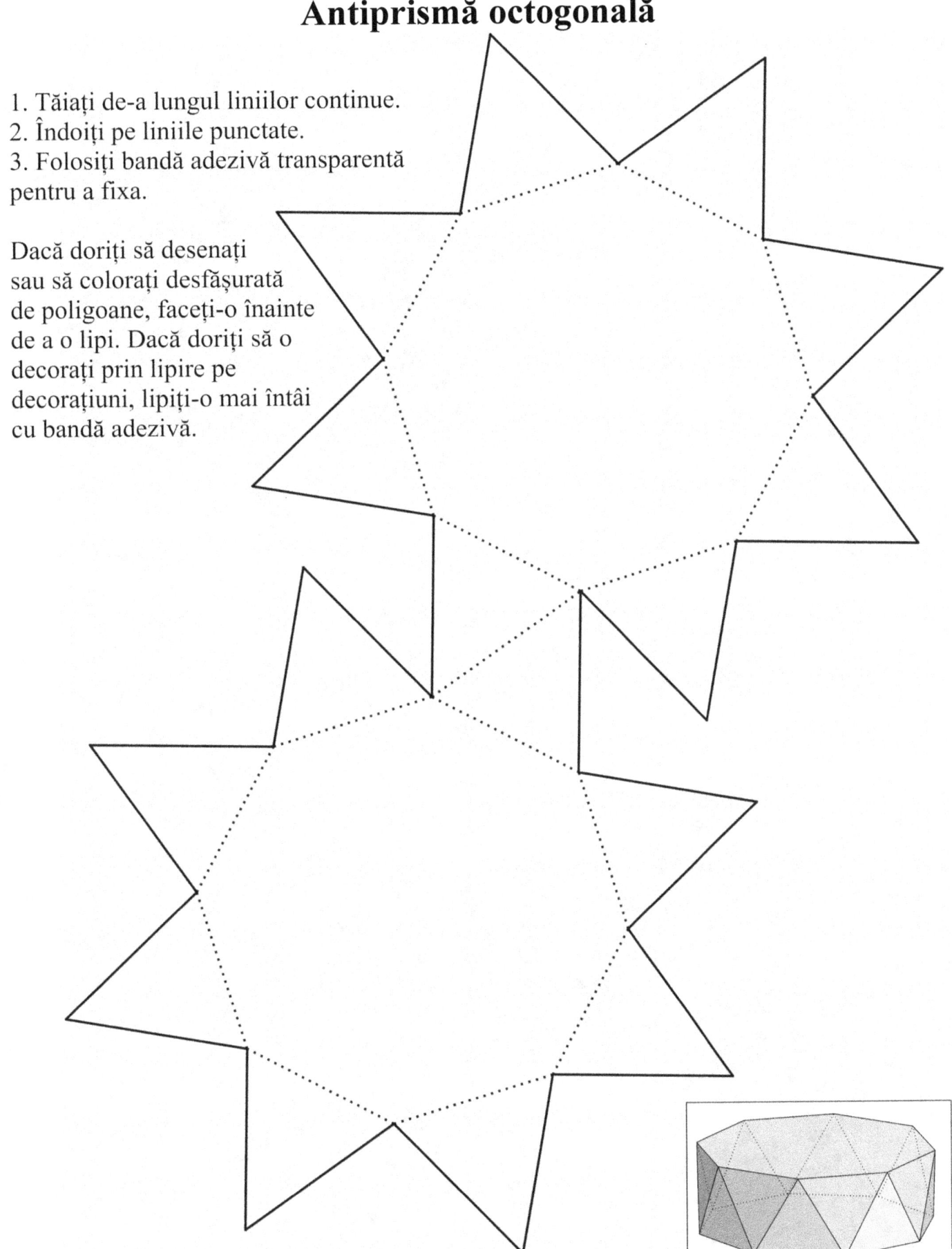

Octaedru regulat

1. Tăiați de-a lungul liniilor continue.
2. Îndoiți pe liniile punctate.
3. Folosiți bandă adezivă transparentă pentru a fixa.

Dacă doriți să desenați sau să colorați desfășurată de poligoane, faceți-o înainte de a o lipi. Dacă doriți să o decorați prin lipire pe decorațiuni, lipiți-o mai întâi cu bandă adezivă.

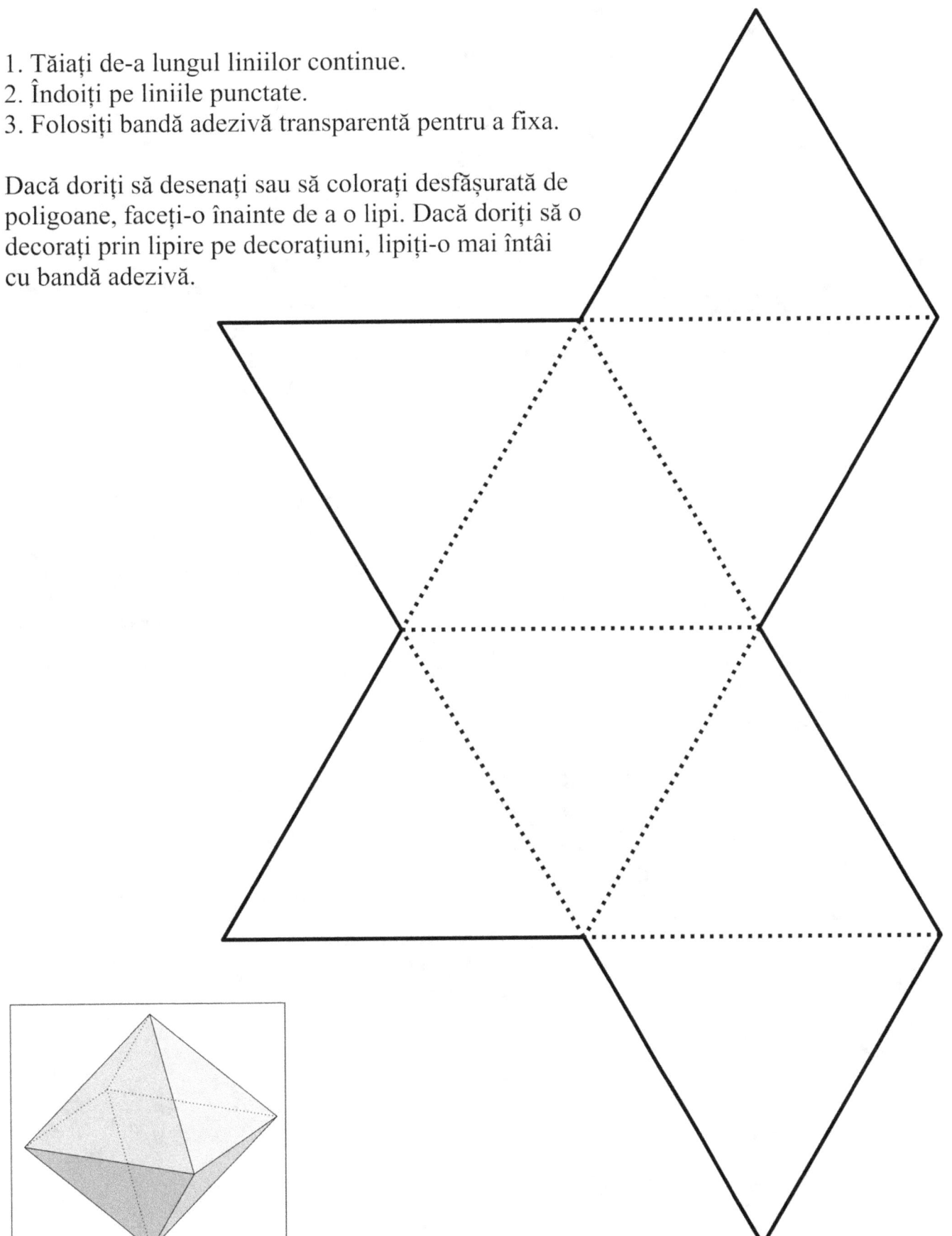

Desfășurată de poligoane - caiet de activități de David E. McAdams
Copyright 2024. Poate fi copiat numai pentru uz educațional accidental, necomercial.

Antiprismă pentagonală

1. Tăiați de-a lungul liniilor continue.
2. Îndoiți pe liniile punctate.
3. Folosiți bandă adezivă transparentă pentru a fixa.

Dacă doriți să desenați sau să colorați desfășurată de poligoane, faceți-o înainte de a o lipi. Dacă doriți să o decorați prin lipire pe decorațiuni, lipiți-o mai întâi cu bandă adezivă.

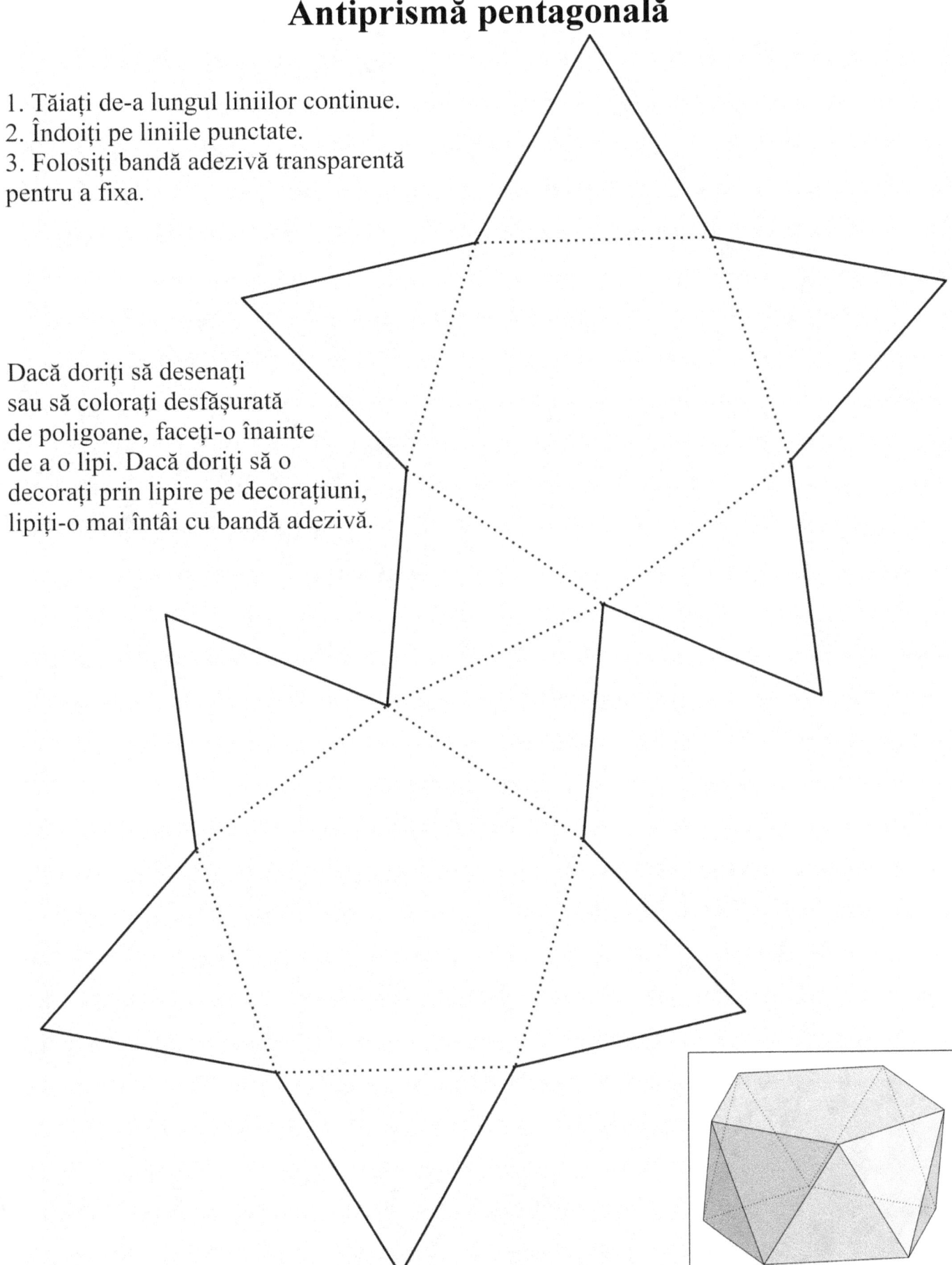

Desfășurată de poligoane - caiet de pectivități de David E. McAdams
Copyright 2024. Poate fi copiat numai pentru uz educațional accidental, necomercial.

Cupolă pentagonală

1. Tăiați de-a lungul liniilor continue.
2. Îndoiți pe liniile punctate.
3. Folosiți bandă adezivă transparentă pentru a fixa.

Dacă doriți să desenați sau să colorați desfășurată de poligoane, faceți-o înainte de a o lipi. Dacă doriți să o decorați prin lipire pe decorațiuni, lipiți-o mai întâi cu bandă adezivă.

Desfășurată de poligoane - caiet de activități de David E. McAdams
Copyright 2024. Poate fi copiat numai pentru uz educațional accidental, necomercial.

Bipiramidă pentagonală

1. Tăiați de-a lungul liniilor continue.
2. Îndoiți pe liniile punctate.
3. Folosiți bandă adezivă transparentă pentru a fixa.

Dacă doriți să desenați sau să colorați desfășurată de poligoane, faceți-o înainte de a o lipi. Dacă doriți să o decorați prin lipire pe decorațiuni, lipiți-o mai întâi cu bandă adezivă.

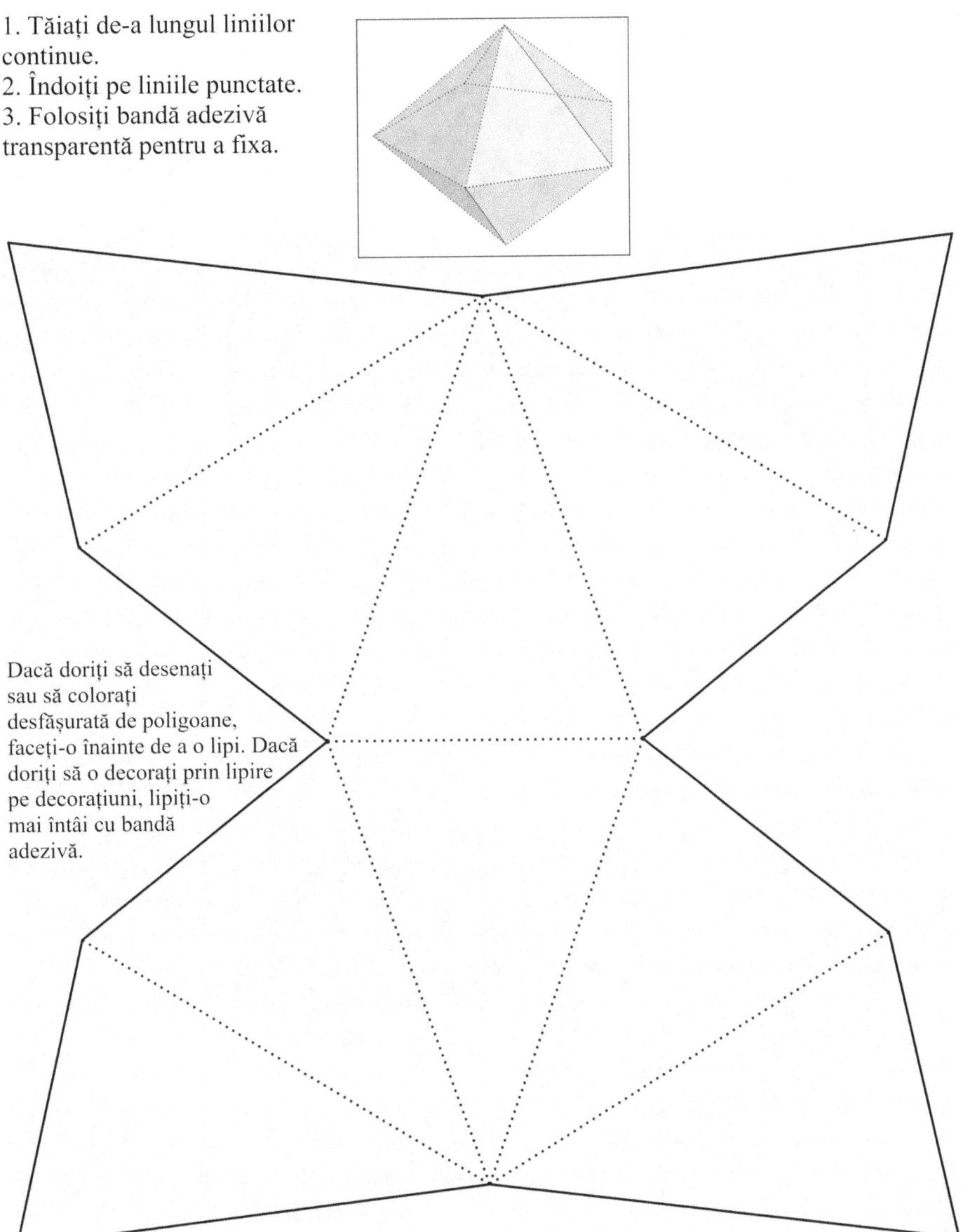

Desfășurată de poligoane - caiet de activități de David E. McAdams
Copyright 2024. Poate fi copiat numai pentru uz educațional accidental, necomercial.

Prismă pentagonală

1. Tăiați de-a lungul liniilor continue.
2. Îndoiți pe liniile punctate.
3. Folosiți bandă adezivă transparentă pentru a fixa.

Dacă doriți să desenați sau să colorați desfășurată de poligoane, faceți-o înainte de a o lipi. Dacă doriți să o decorați prin lipire pe decorațiuni, lipiți-o mai întâi cu bandă adezivă.

Desfășurată de poligoane - caiet de activități de David E. McAdams
Copyright 2024. Poate fi copiat numai pentru uz educațional accidental, necomercial.

Piramidă pentagonală

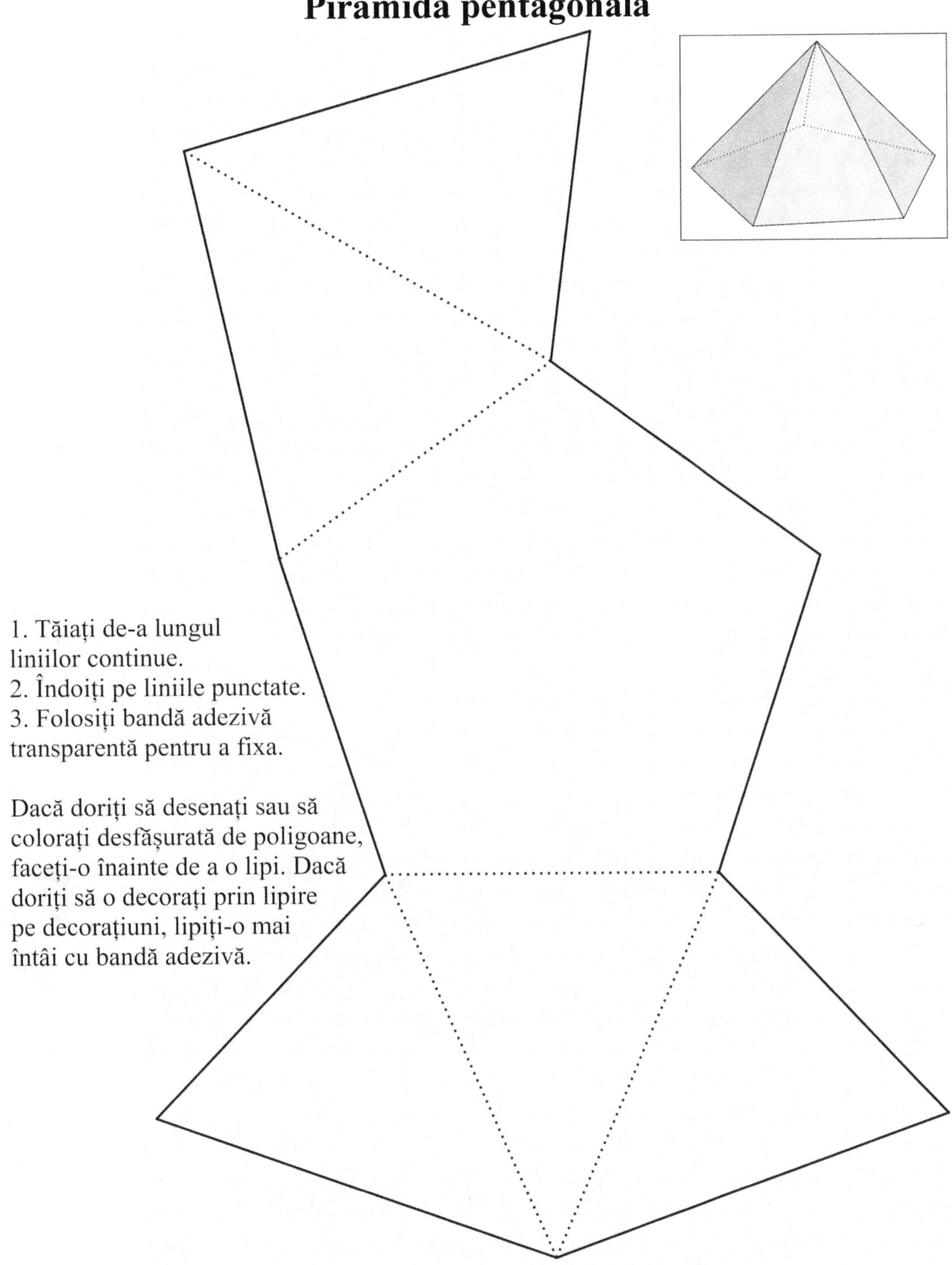

1. Tăiați de-a lungul liniilor continue.
2. Îndoiți pe liniile punctate.
3. Folosiți bandă adezivă transparentă pentru a fixa.

Dacă doriți să desenați sau să colorați desfășurată de poligoane, faceți-o înainte de a o lipi. Dacă doriți să o decorați prin lipire pe decorațiuni, lipiți-o mai întâi cu bandă adezivă.

Rotondă pentagonală

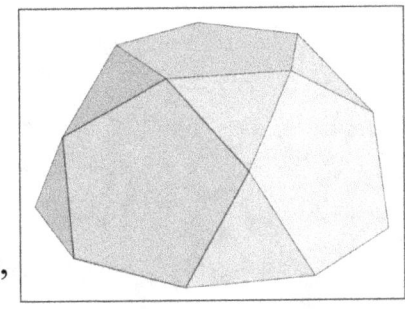

1. Tăiați de-a lungul liniilor continue.
2. Îndoiți pe liniile punctate.
3. Folosiți bandă adezivă transparentă pentru a fixa.

Dacă doriți să desenați sau să colorați desfășurată de poligoane, faceți-o înainte de a o lipi. Dacă doriți să o decorați prin lipire pe decorațiuni, lipiți-o mai întâi cu bandă adezivă.

Prismă pentagramică

1. Tăiați de-a lungul liniilor continue.
2. Îndoiți pe liniile punctate.
3. Folosiți bandă adezivă transparentă pentru a fixa.

Dacă doriți să desenați sau să colorați desfășurată de poligoane, faceți-o înainte de a o lipi. Dacă doriți să o decorați prin lipire pe decorațiuni, lipiți-o mai întâi cu bandă adezivă.

Piramidă dreptunghiulară

1. Tăiați de-a lungul liniilor continue.
2. Îndoiți pe liniile punctate.
3. Folosiți bandă adezivă transparentă pentru a fixa.

Dacă doriți să desenați sau să colorați desfășurată de poligoane, faceți-o înainte de a o lipi. Dacă doriți să o decorați prin lipire pe decorațiuni, lipiți-o mai întâi cu bandă adezivă.

Prismă rombică

1. Tăiați de-a lungul liniilor continue.
2. Îndoiți pe liniile punctate.
3. Folosiți bandă adezivă transparentă pentru a fixa.

Dacă doriți să desenați sau să colorați desfășurată de poligoane, faceți-o înainte de a o lipi. Dacă doriți să o decorați prin lipire pe decorațiuni, lipiți-o mai întâi cu bandă adezivă.

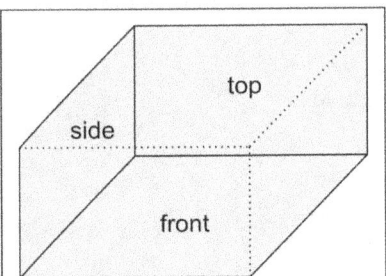

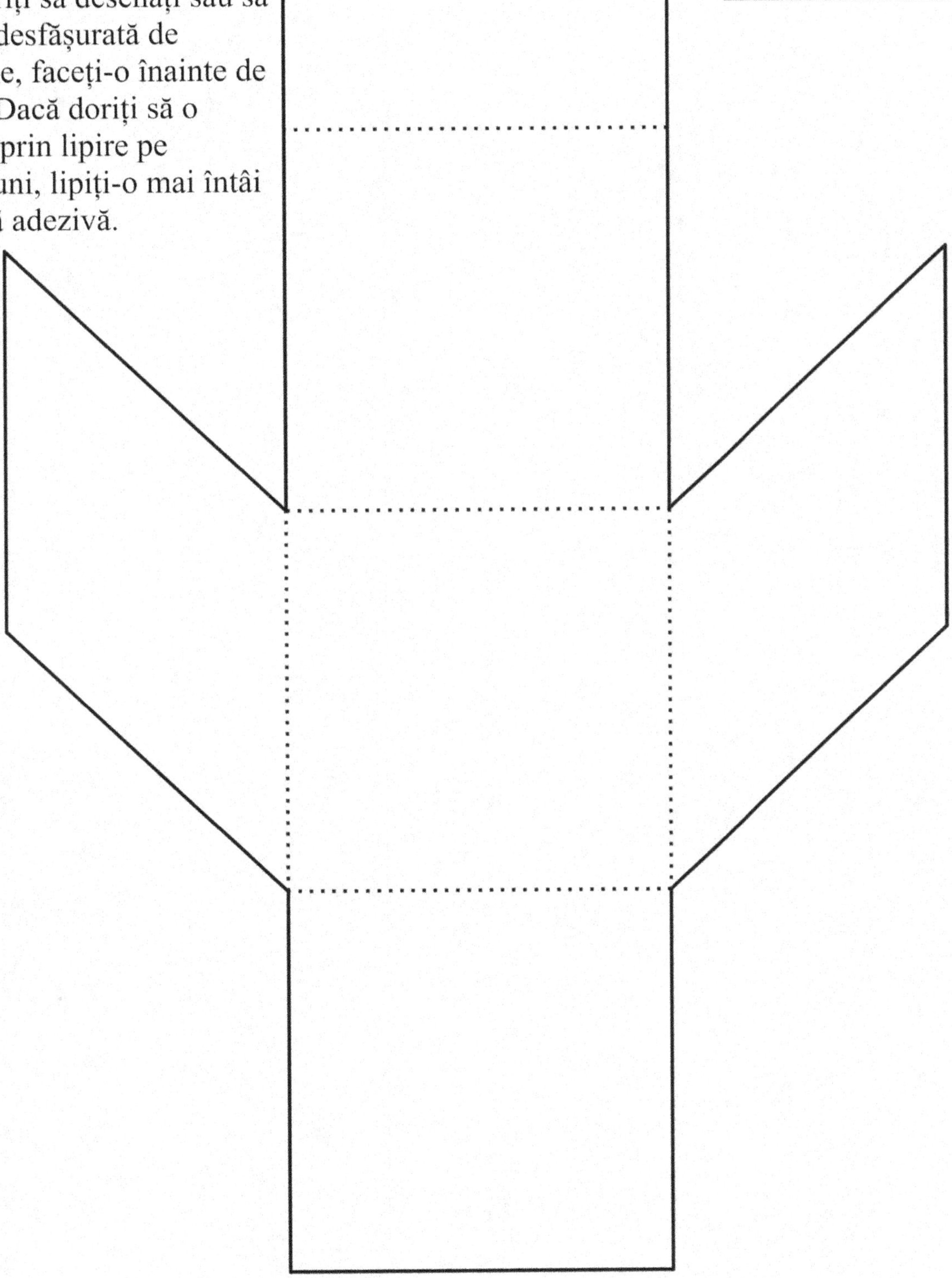

Rombicuboctaedru

1. Tăiați de-a lungul liniilor continue.
2. Îndoiți pe liniile punctate.
3. Folosiți bandă adezivă transparentă pentru a fixa.

Dacă doriți să desenați sau să colorați desfășurată de poligoane, faceți-o înainte de a o lipi. Dacă doriți să o decorați prin lipire pe decorațiuni, lipiți-o mai întâi cu bandă adezivă.

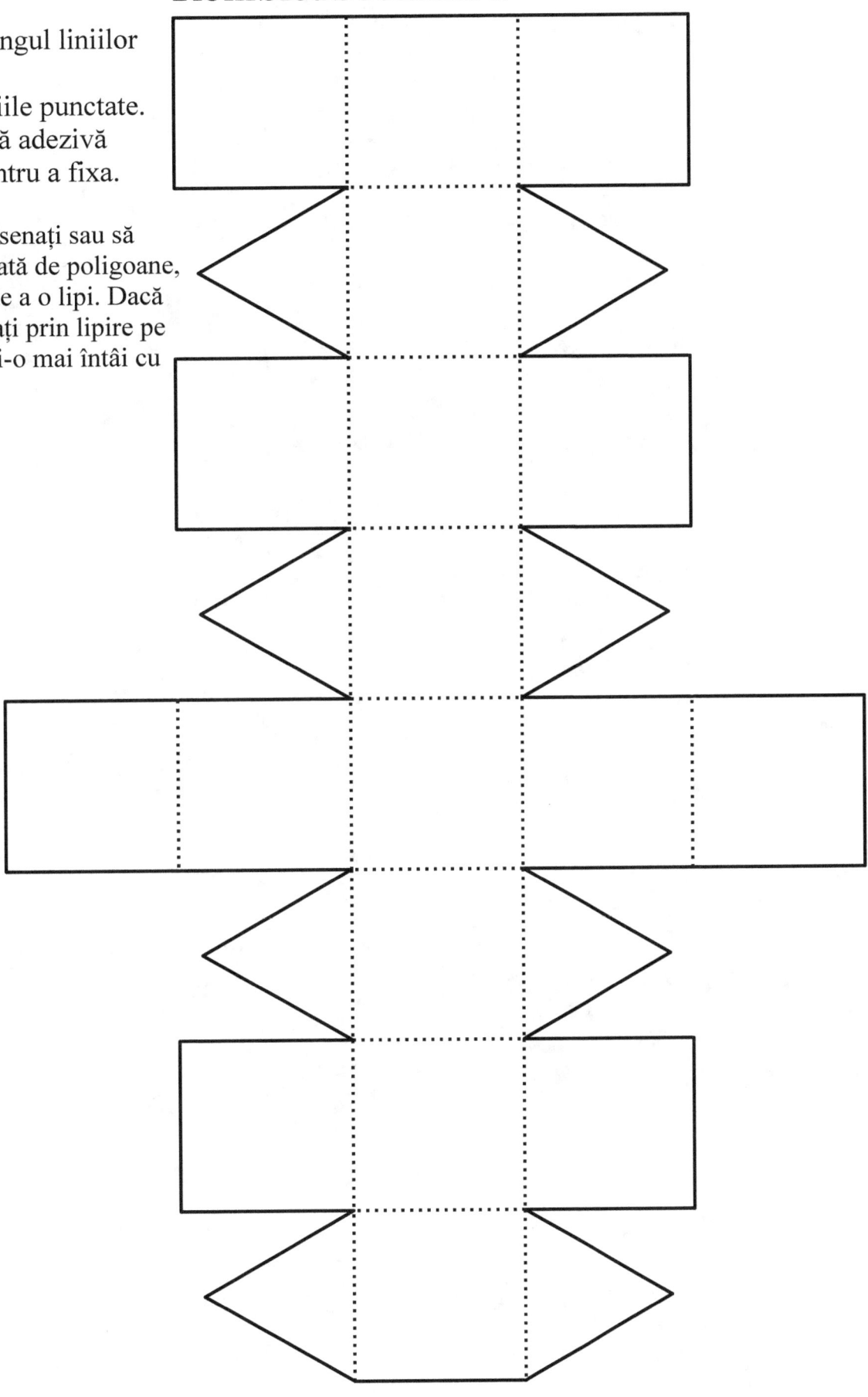

Desfășurată de poligoane - caiet de activități de David E. McAdams
Copyright 2024. Poate fi copiat numai pentru uz educațional accidental, necomercial.

Micul rombidodecaedru

1. Tăiați de-a lungul liniilor continue.
2. Îndoiți pe liniile punctate.
3. Folosiți bandă adezivă transparentă pentru a fixa.

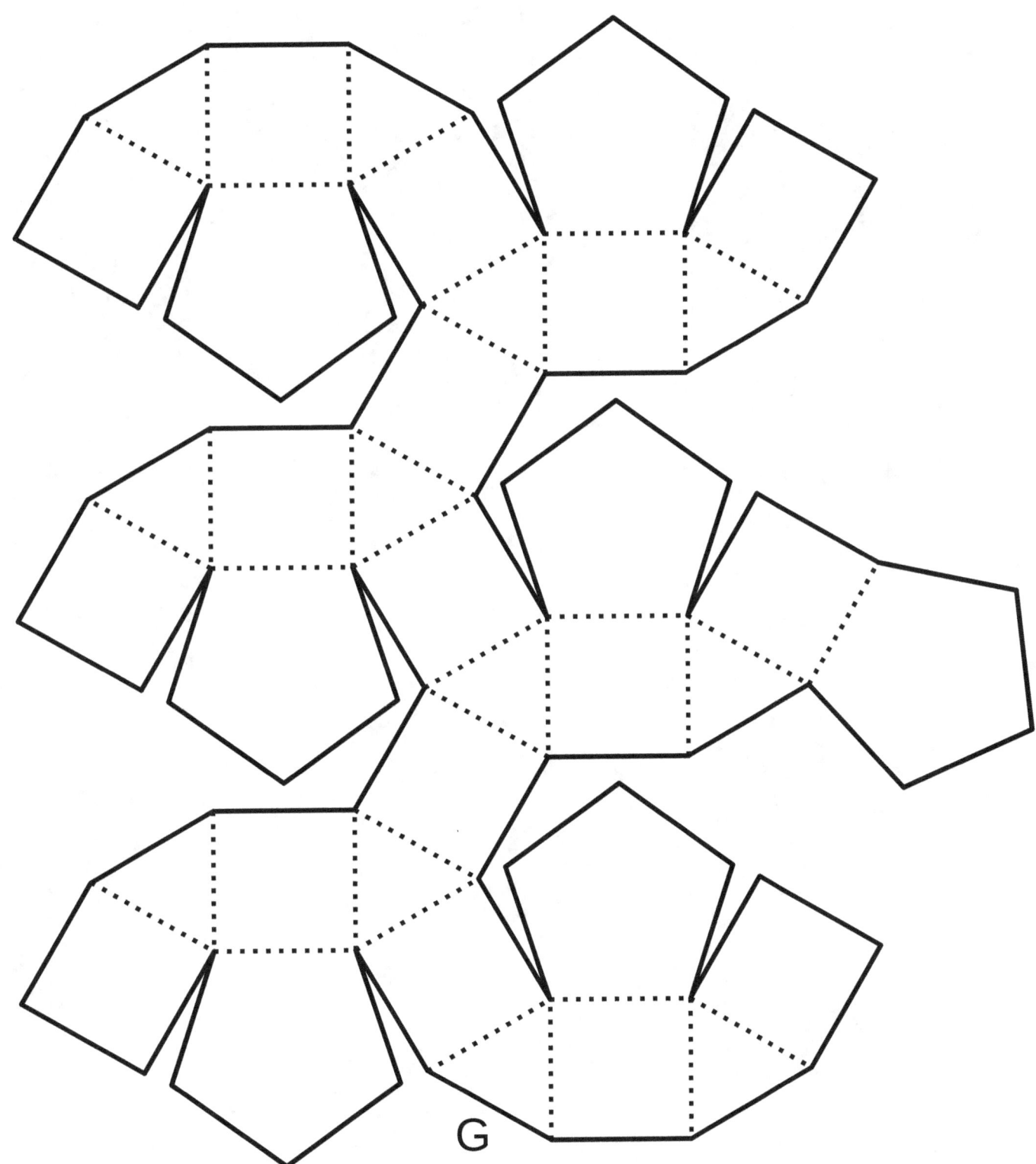

Desfășurată de poligoane - caiet de activități de David E. McAdams

Dacă doriți să desenați sau să colorați desfășurată de poligoane, faceți-o înainte de a o lipi. Dacă doriți să o decorați prin lipire pe decorațiuni, lipiți-o mai întâi cu bandă adezivă.

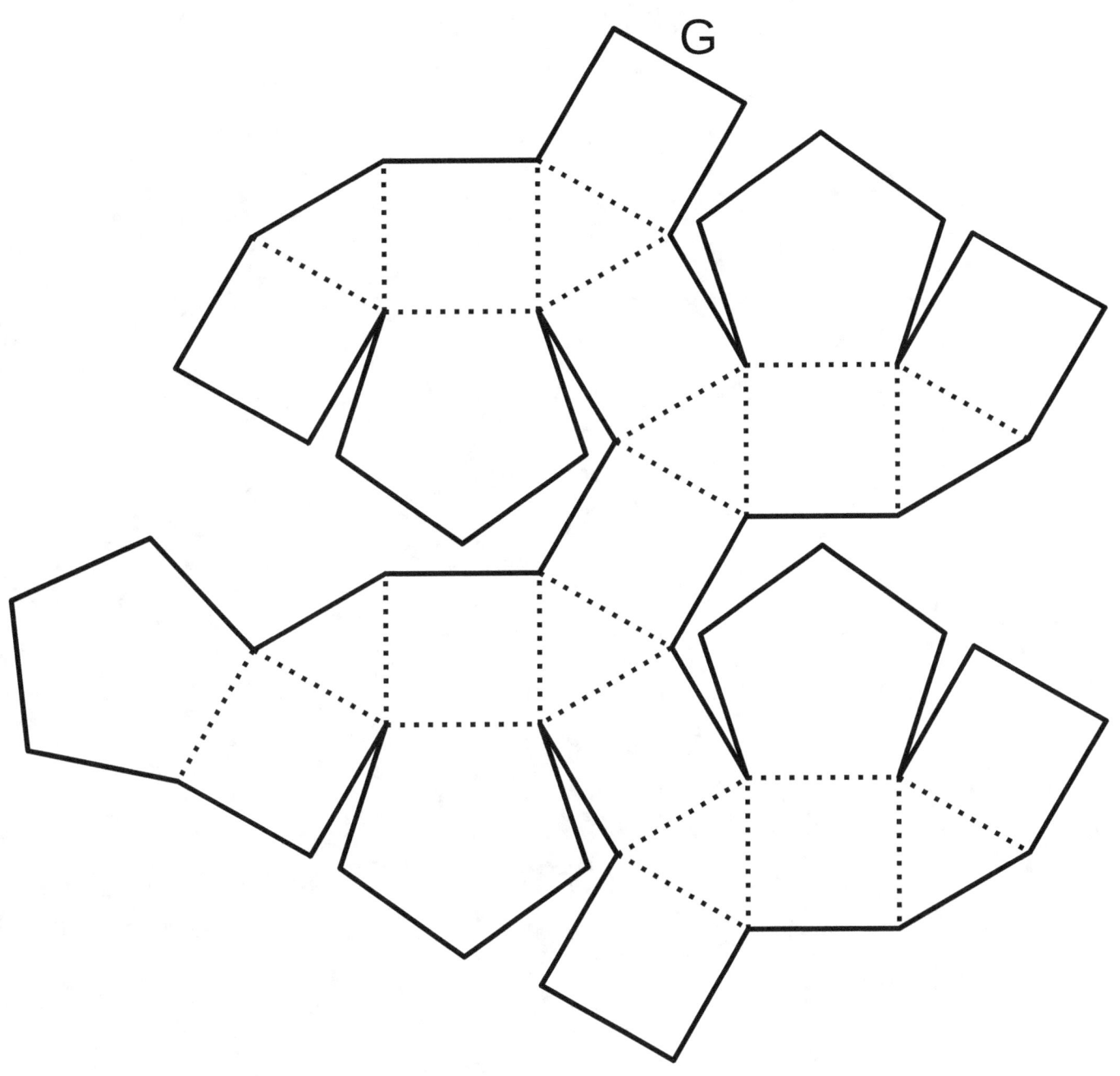

Micul dodecaedru stelat

1. Aceasta este o parte în două desfășurată de poligoane. Copiați această pagină și următoarea.
2. Tăiați ambele forme de-a lungul liniilor continue.
3. Lipiți cele două forme împreună la segmentul de linie etichetat „A".
4. Îndoiți pe linii punctate.
5. Îndoiți înapoi pe liniile întrerupte.
6. Folosiți bandă adezivă transparentă pentru a fixa.

Dacă doriți să desenați sau să colorați desfășurată de poligoane, faceți-o înainte de a o lipi.
Dacă doriți să o decorați prin lipire pe decorațiuni, lipiți-o mai întâi cu bandă adezivă.

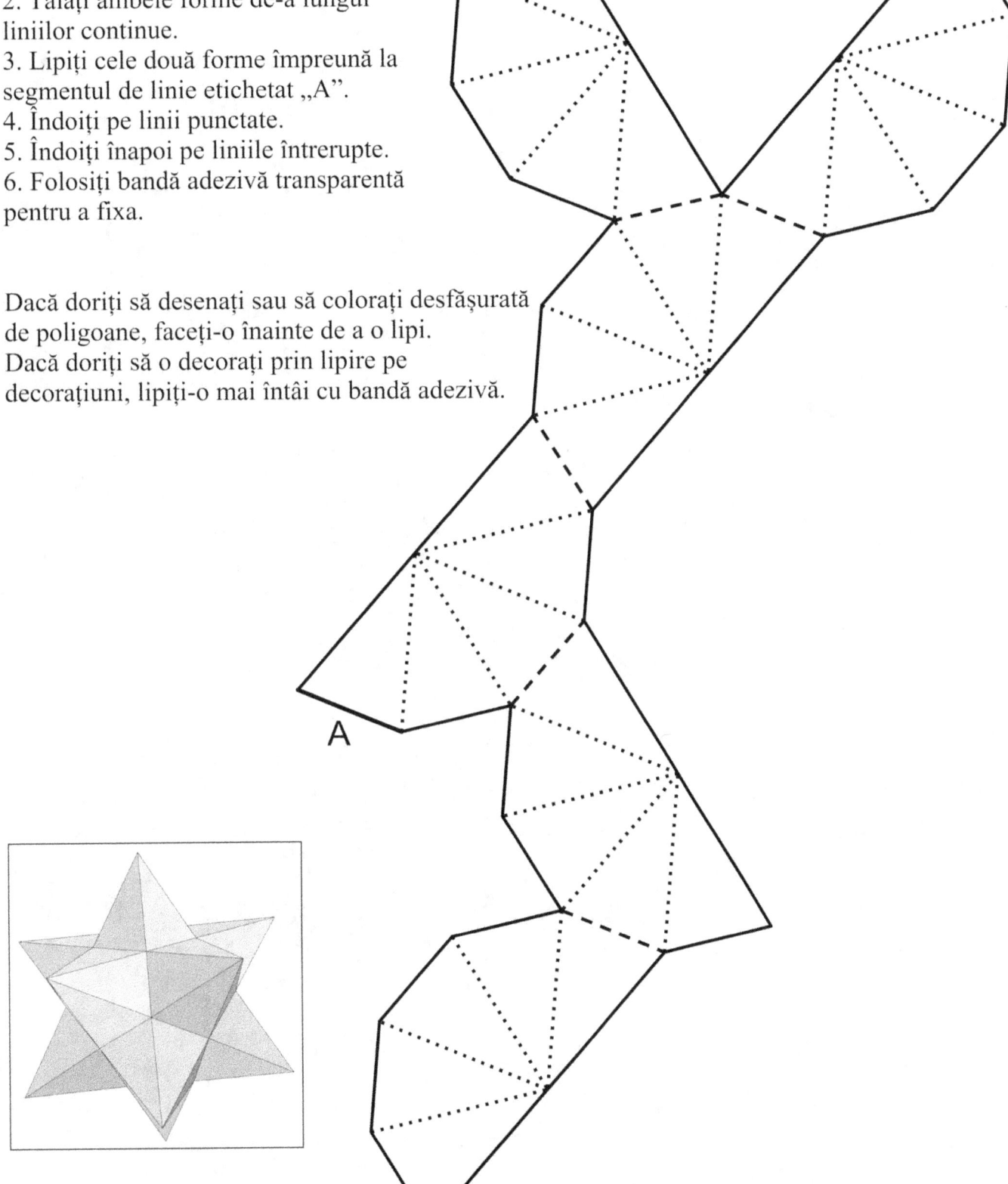

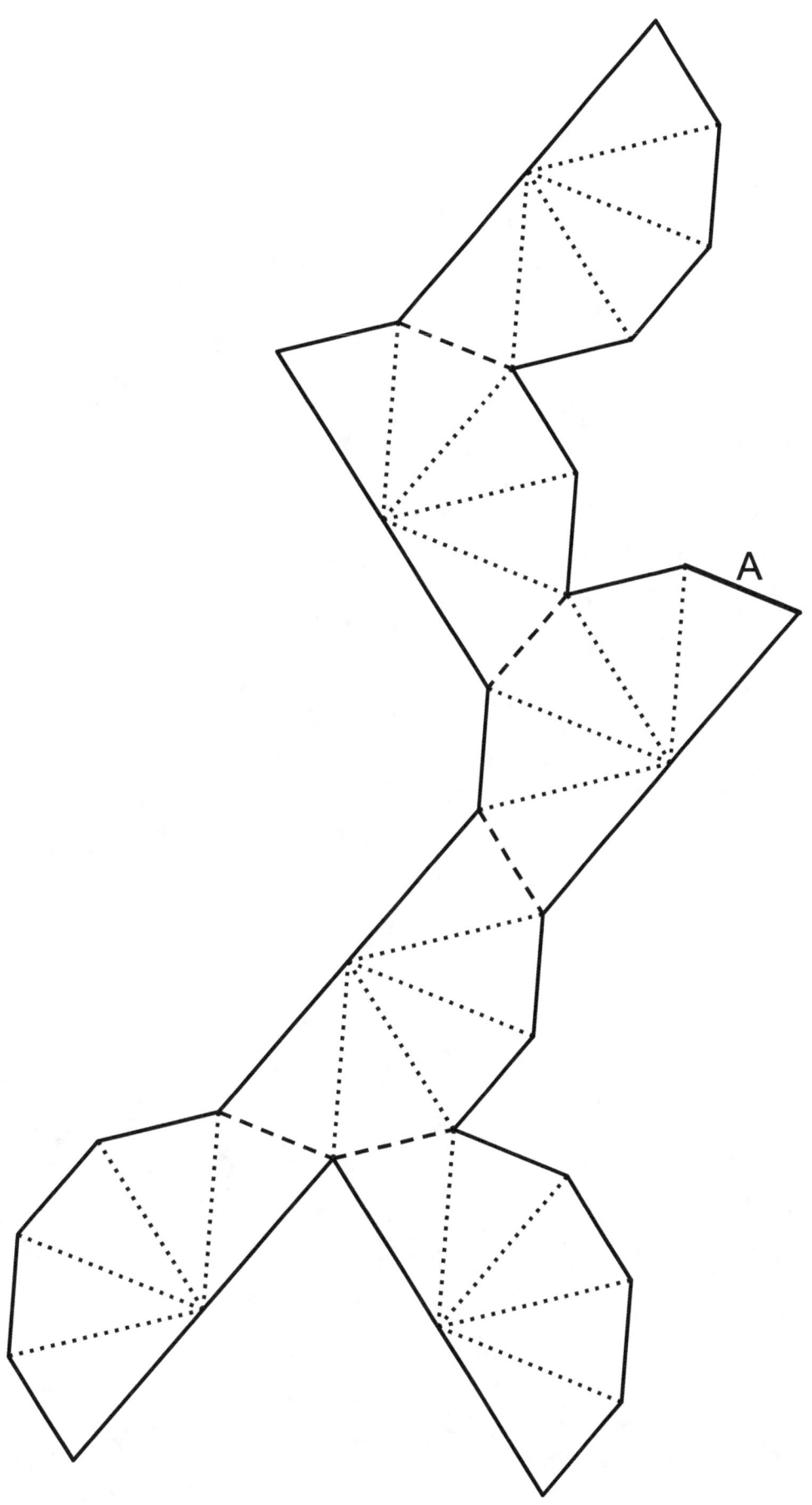

Cub snub

1. Tăiați de-a lungul liniilor continue.
2. Îndoiți pe liniile punctate.
3. Folosiți bandă adezivă transparentă pentru a fixa.

Dacă doriți să desenați sau să colorați desfășurată de poligoane, faceți-o înainte de a o lipi. Dacă doriți să o decorați prin lipire pe decorațiuni, lipiți-o mai întâi cu bandă adezivă.

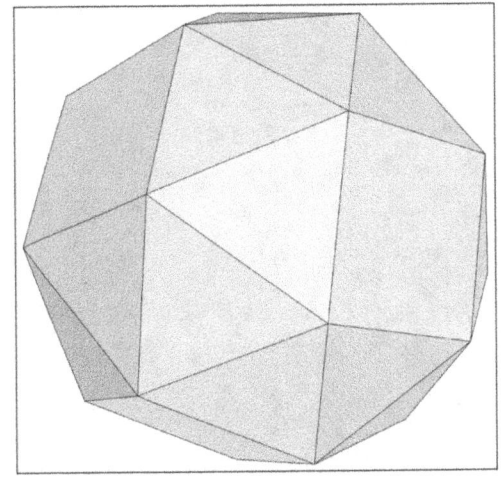

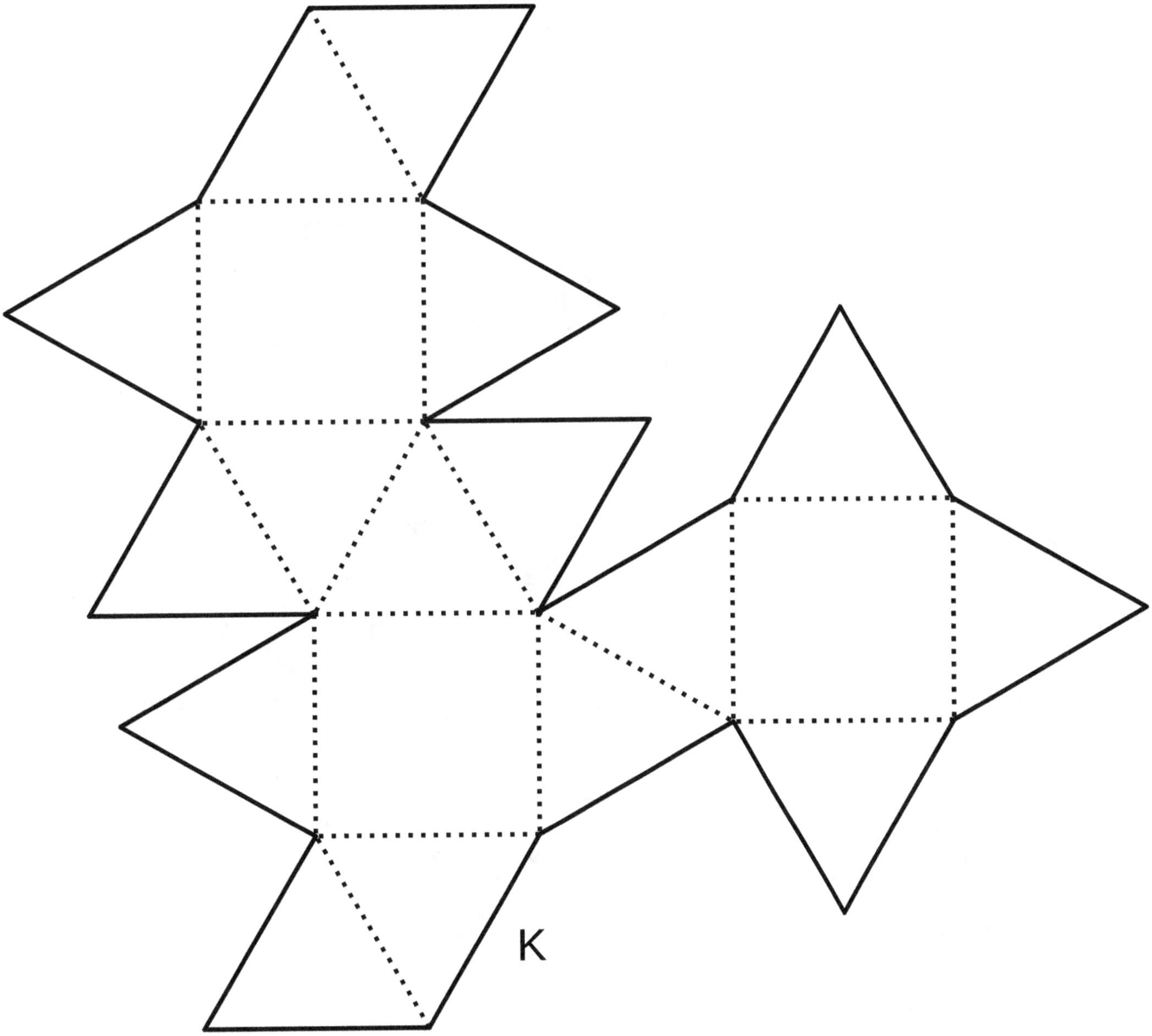

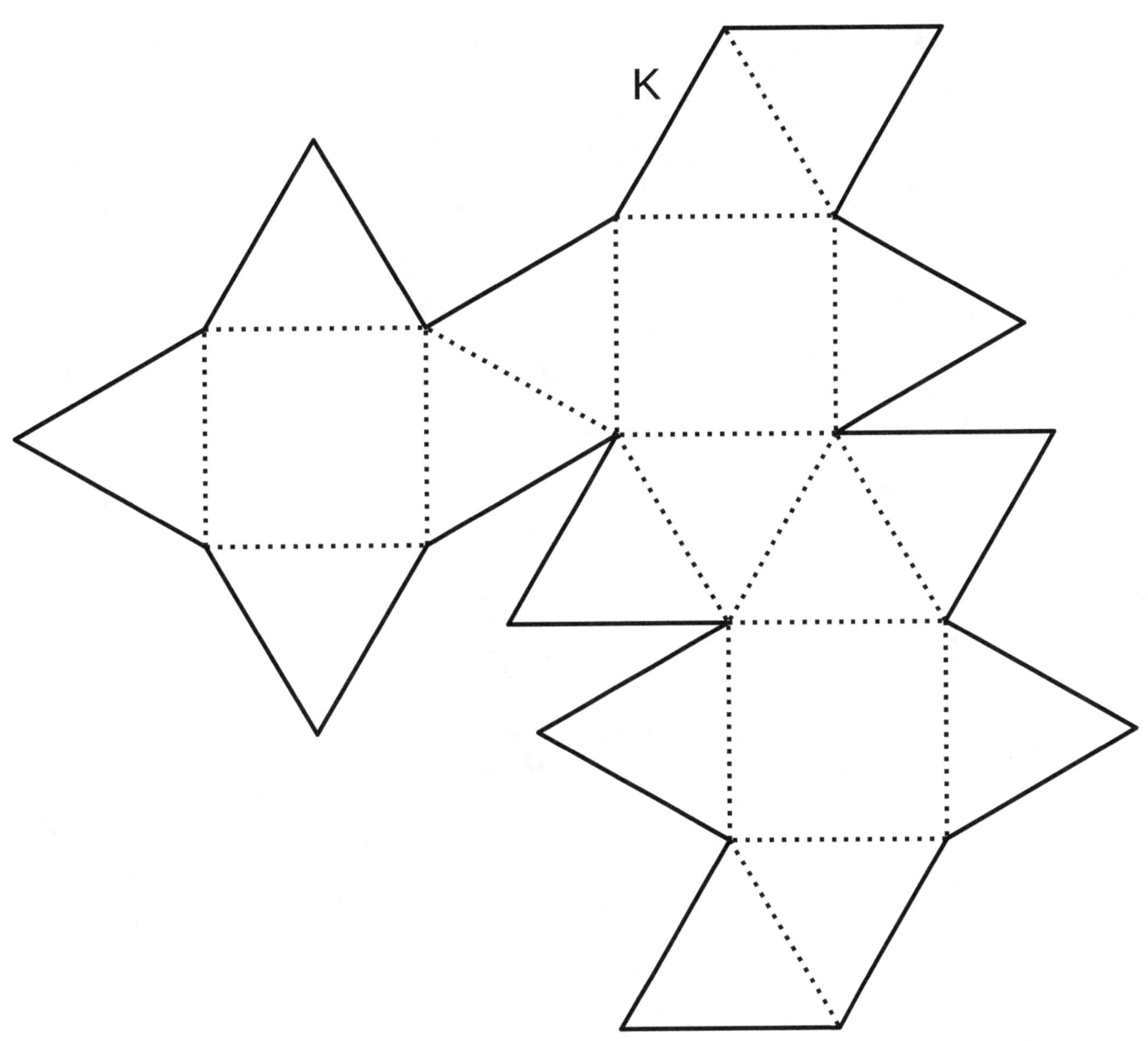

Dodecaedru snub

1. Aceasta este o parte în două desfășurată de poligoane. Copiați una din această pagină și una din următoarea.
2. Tăiați de-a lungul liniilor continue.
3. Atașați cele două părți cu bandă adezivă transparentă la segmentul etichetat „Z".
4. Îndoiți pe linii punctate.
5. Folosiți bandă transparentă pentru a fixa.

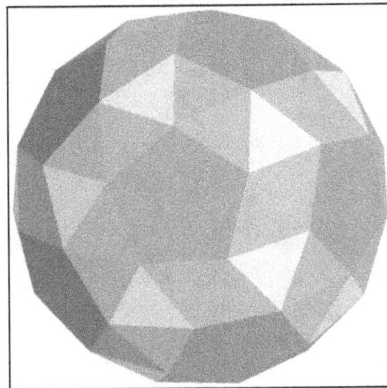

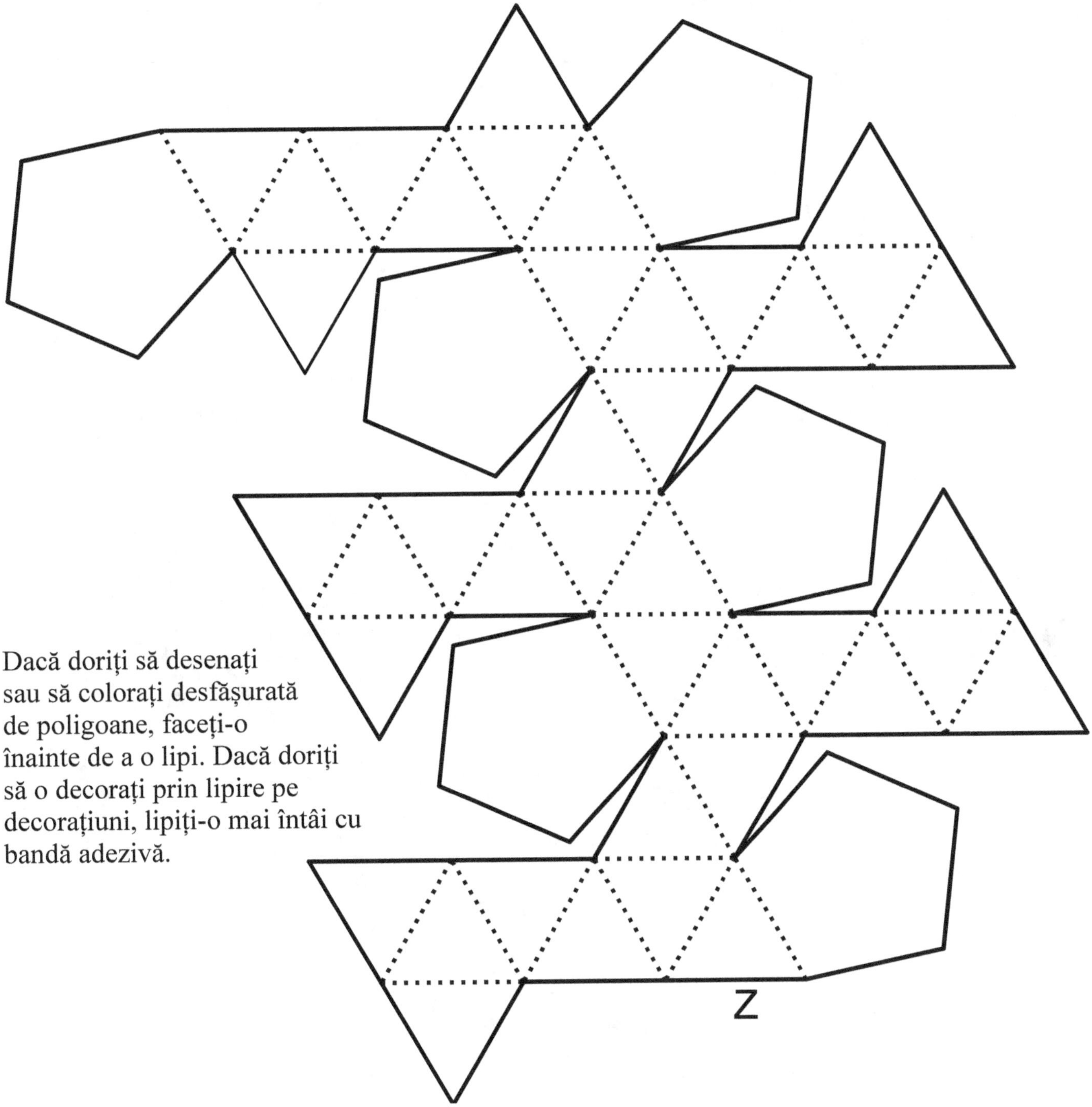

Dacă doriți să desenați sau să colorați desfășurată de poligoane, faceți-o înainte de a o lipi. Dacă doriți să o decorați prin lipire pe decorațiuni, lipiți-o mai întâi cu bandă adezivă.

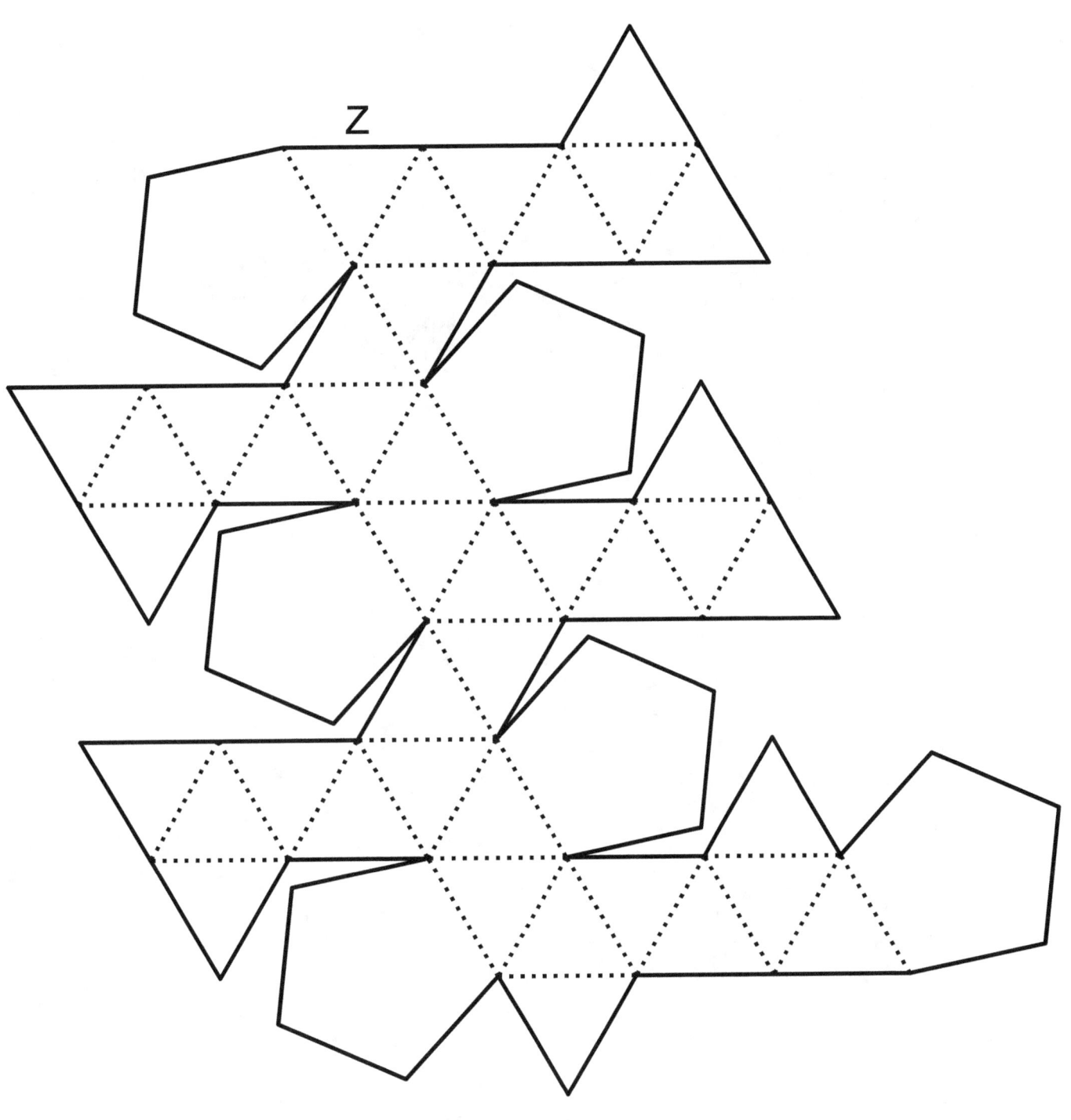

Antiprismă pătrată

1. Tăiați de-a lungul liniilor continue.
2. Îndoiți pe liniile punctate.
3. Folosiți bandă adezivă transparentă pentru a fixa.

Dacă doriți să desenați sau să colorați desfășurată de poligoane, faceți-o înainte de a o lipi. Dacă doriți să o decorați prin lipire pe decorațiuni, lipiți-o mai întâi cu bandă adezivă.

Desfășurată de poligoane - caiet de activități de David E. McAdams
Copyright 2024. Poate fi copiat numai pentru uz educațional accidental, necomercial.

Cupolă pătrată

1. Tăiați de-a lungul liniilor continue.
2. Îndoiți pe liniile punctate.
3. Folosiți bandă adezivă transparentă pentru a fixa.

Dacă doriți să desenați sau să colorați desfășurată de poligoane, faceți-o înainte de a o lipi. Dacă doriți să o decorați prin lipire pe decorațiuni, lipiți-o mai întâi cu bandă adezivă.

Piramidă pătrată

1. Tăiați de-a lungul liniilor continue.
2. Îndoiți pe liniile punctate.
3. Folosiți bandă adezivă transparentă pentru a fixa.

Dacă doriți să desenați sau să colorați desfășurată de poligoane, faceți-o înainte de a o lipi. Dacă doriți să o decorați prin lipire pe decorațiuni, lipiți-o mai întâi cu bandă adezivă.

Trapezoedru pătrat

1. Tăiați de-a lungul liniilor continue.
2. Îndoiți pe liniile punctate.
3. Folosiți bandă adezivă transparentă pentru a fixa.

Dacă doriți să desenați sau să colorați desfășurată de poligoane, faceți-o înainte de a o lipi. Dacă doriți să o decorați prin lipire pe decorațiuni, lipiți-o mai întâi cu bandă adezivă.

Octaedru stelat

1. Tăiați de-a lungul liniilor continue.
2. Îndoiți pe linii punctate.
3. Îndoiți înapoi pe linii întrerupte
4. Folosiți bandă transparentă pentru a fixa.

Dacă doriți să desenați sau să colorați desfășurată de poligoane, faceți-o înainte de a o lipi. Dacă doriți să o decorați prin lipire pe decorațiuni, lipiți-o mai întâi cu bandă adezivă.

Tetraedru regulat

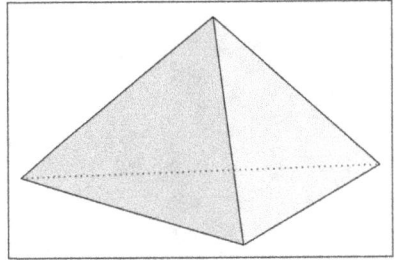

1. Tăiați de-a lungul liniilor continue.
2. Îndoiți pe liniile punctate.
3. Folosiți bandă adezivă transparentă pentru a fixa.

Dacă doriți să desenați sau să colorați desfășurată de poligoane, faceți-o înainte de a o lipi. Dacă doriți să o decorați prin lipire pe decorațiuni, lipiți-o mai întâi cu bandă adezivă.

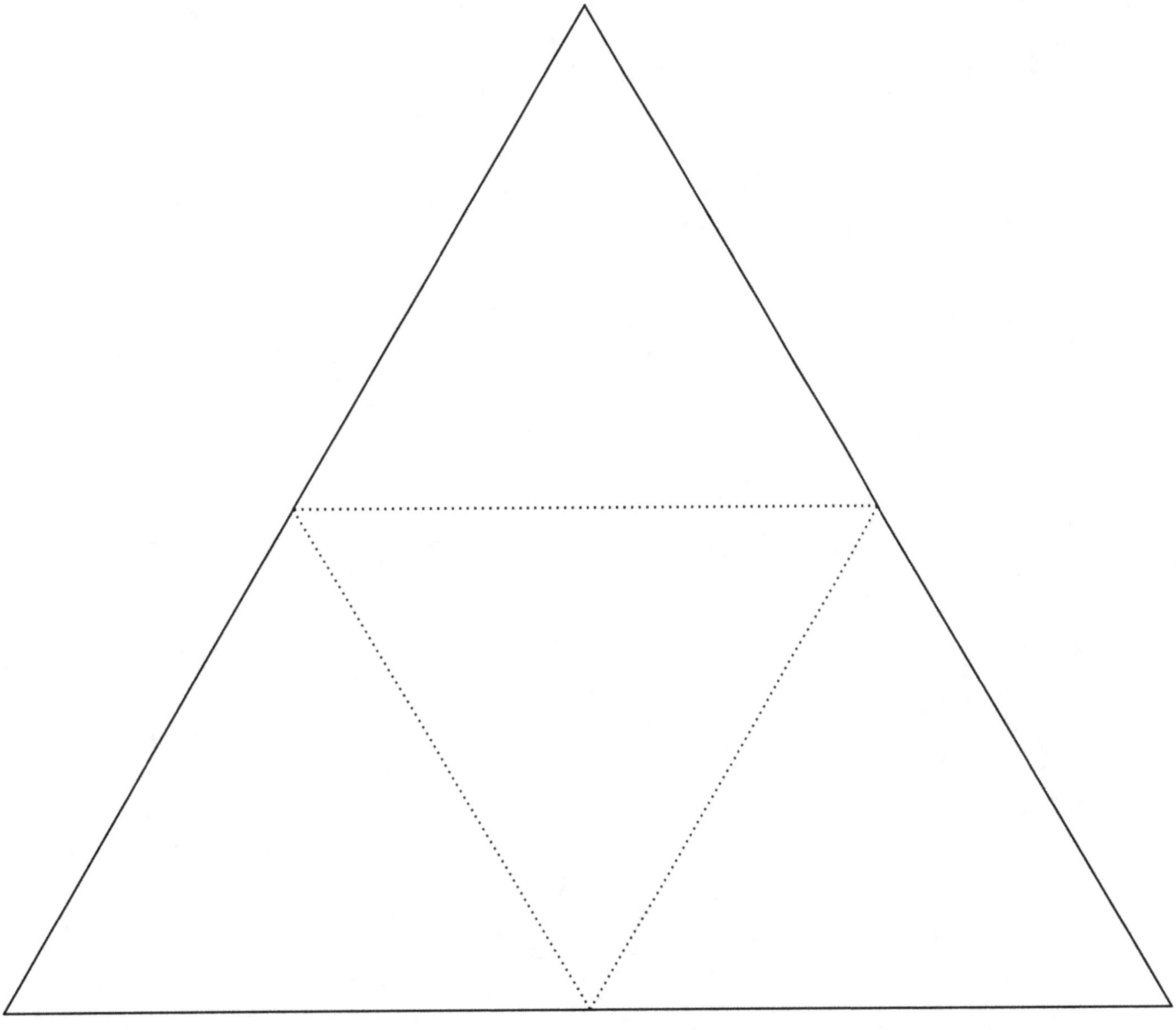

Tetrakis Hexaedru

1. Tăiați de-a lungul liniilor continue.
2. Îndoiți pe liniile punctate.
3. Folosiți bandă adezivă transparentă pentru a fixa.

Dacă doriți să desenați sau să colorați desfășurată de poligoane, faceți-o înainte de a o lipi. Dacă doriți să o decorați prin lipire pe decorațiuni, lipiți-o mai întâi cu bandă adezivă.

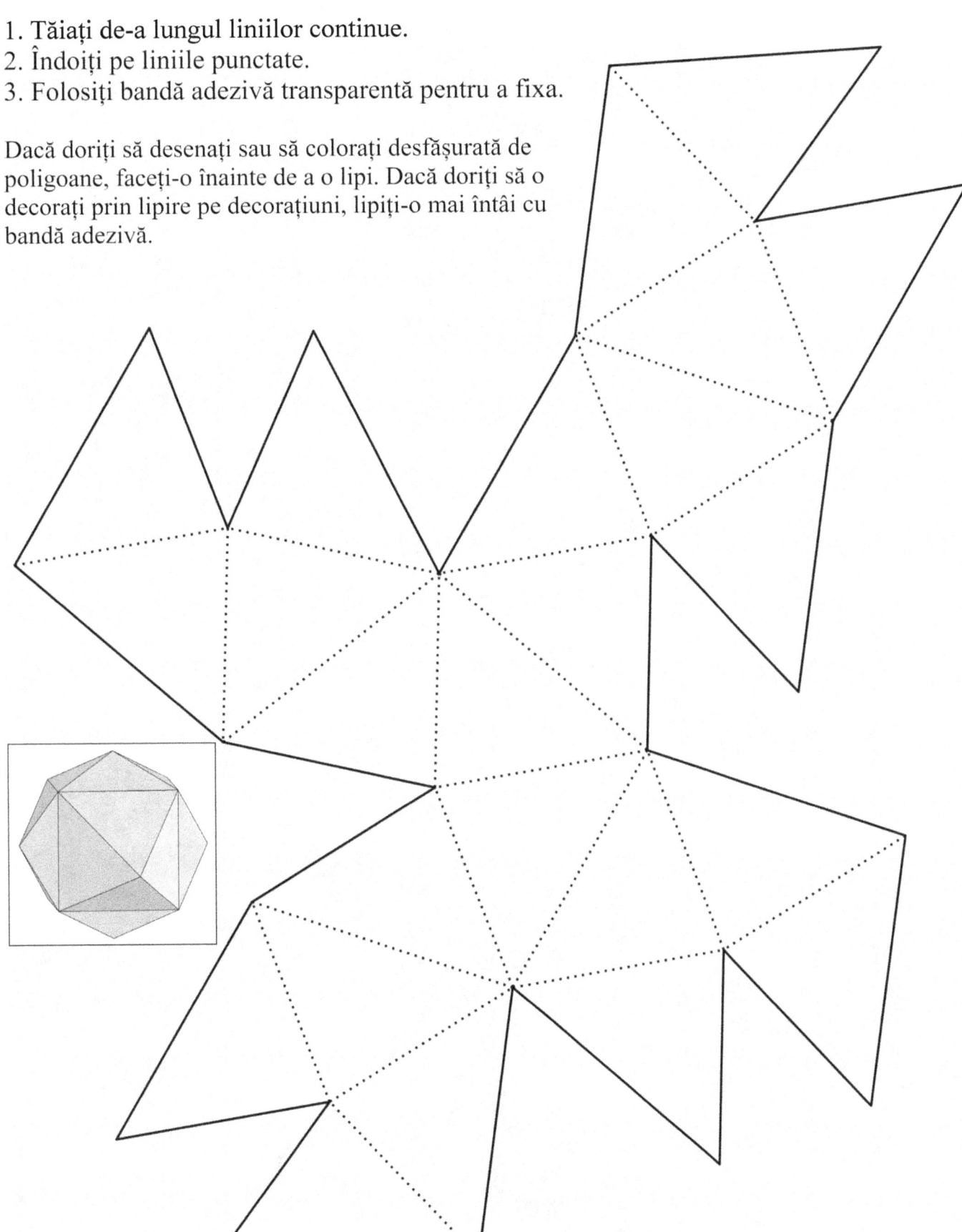

Octaedru triakis

1. Tăiați de-a lungul liniilor continue.
2. Îndoiți pe liniile punctate.
3. Folosiți bandă adezivă transparentă pentru a fixa.

Dacă doriți să desenați sau să colorați desfășurată de poligoane, faceți-o înainte de a o lipi. Dacă doriți să o decorați prin lipire pe decorațiuni, lipiți-o mai întâi cu bandă adezivă.

Tetraedru triakis

1. Tăiați de-a lungul liniilor continue.
2. Îndoiți pe liniile punctate.
3. Folosiți bandă adezivă transparentă pentru a fixa.

Dacă doriți să desenați sau să colorați desfășurată de poligoane, faceți-o înainte de a o lipi. Dacă doriți să o decorați prin lipire pe decorațiuni, lipiți-o mai întâi cu bandă adezivă.

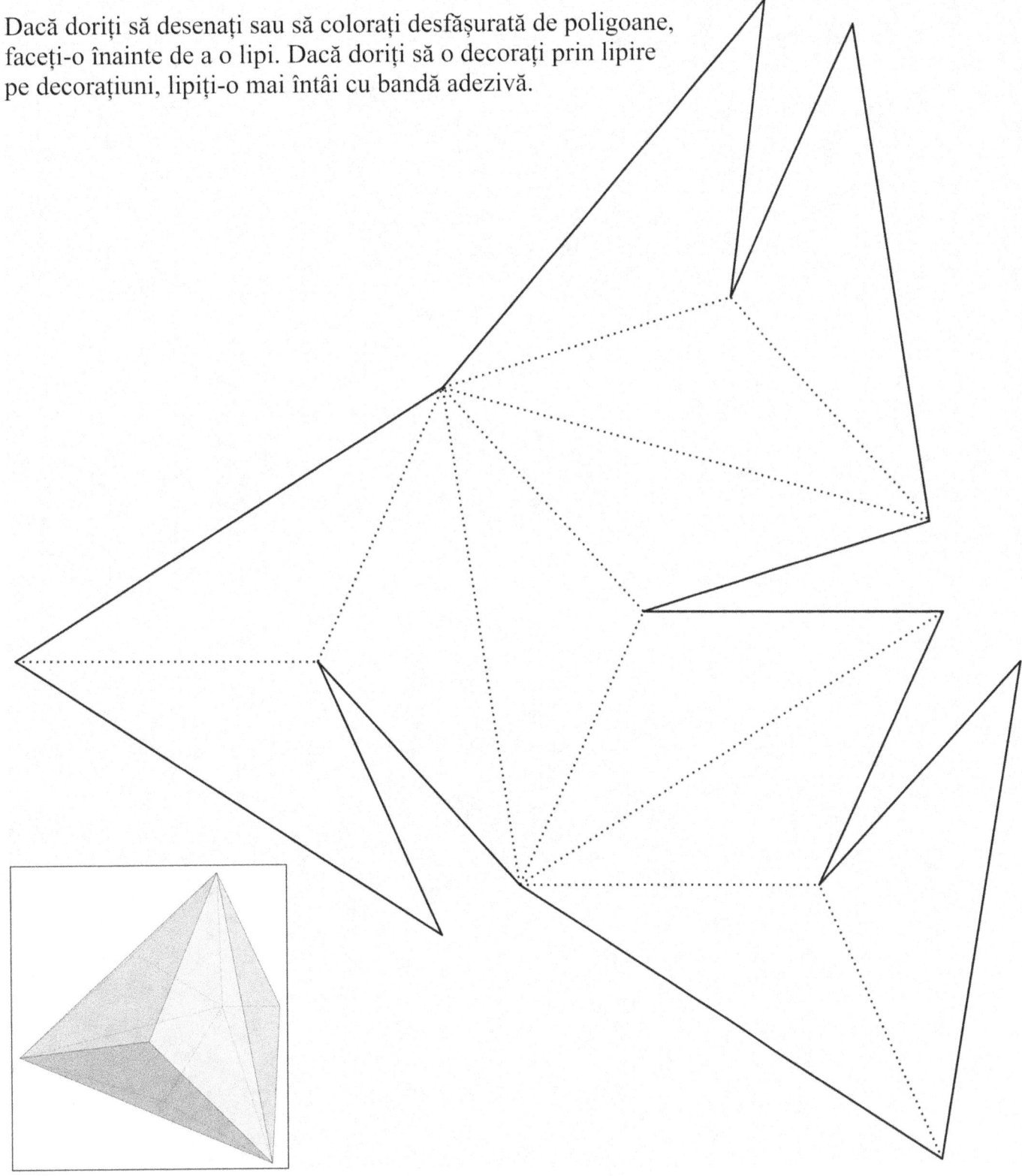

Cupolă triunghiulară

1. Tăiați de-a lungul liniilor continue.
2. Îndoiți pe liniile punctate.
3. Folosiți bandă adezivă transparentă pentru a fixa.

Dacă doriți să desenați sau să colorați desfășurată de poligoane, faceți-o înainte de a o lipi. Dacă doriți să o decorați prin lipire pe decorațiuni, lipiți-o mai întâi cu bandă adezivă.

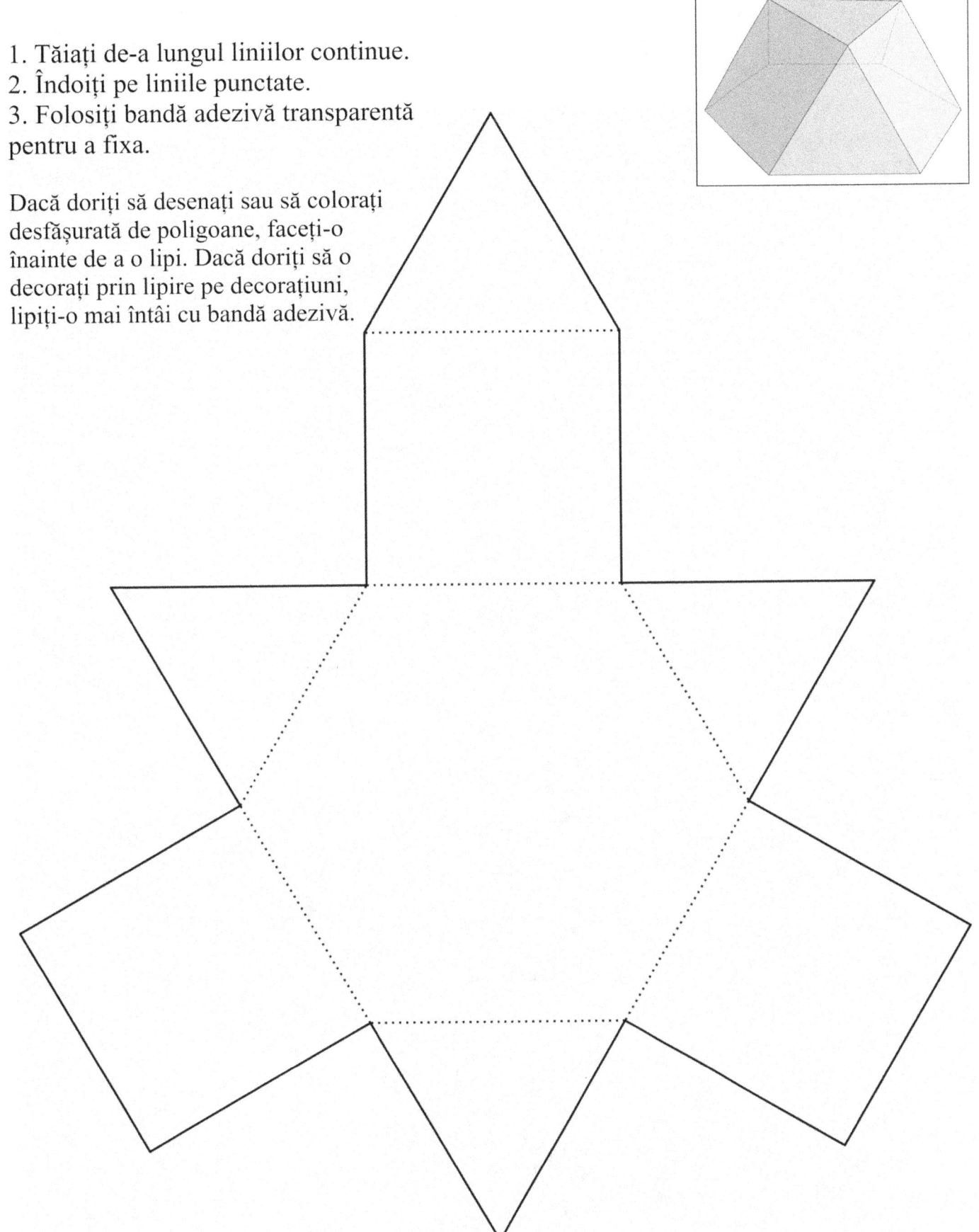

Desfășurată de poligoane - caiet de activități de David E. McAdams
Copyright 2024. Poate fi copiat numai pentru uz educațional accidental, necomercial.

Bipiramidă triunghiulară

1. Tăiați de-a lungul liniilor continue.
2. Îndoiți pe liniile punctate.
3. Folosiți bandă adezivă transparentă pentru a fixa.

Dacă doriți să desenați sau să colorați desfășurată de poligoane, faceți-o înainte de a o lipi. Dacă doriți să o decorați prin lipire pe decorațiuni, lipiți-o mai întâi cu bandă adezivă.

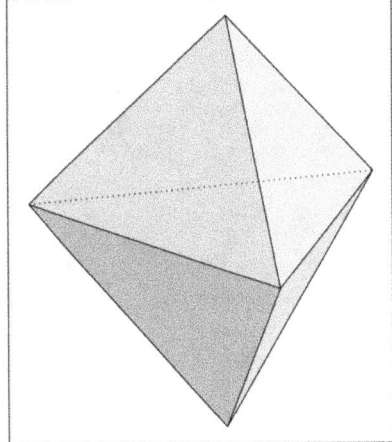

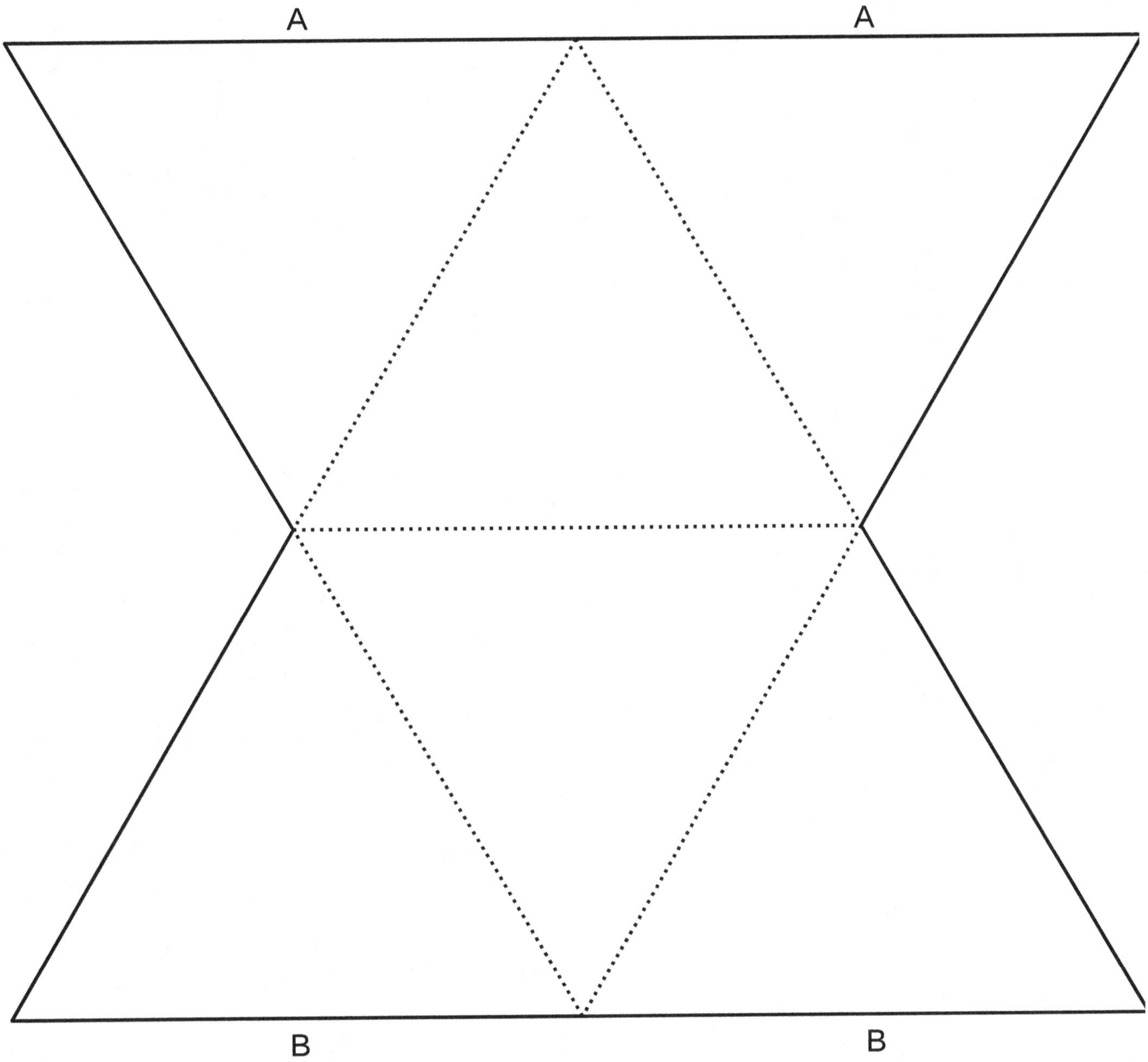

Pentaedrul triunghiular

1. Tăiați de-a lungul liniilor continue.
2. Îndoiți pe liniile punctate.
3. Folosiți bandă adezivă transparentă pentru a fixa.

Dacă doriți să desenați sau să colorați desfășurată de poligoane, faceți-o înainte de a o lipi. Dacă doriți să o decorați prin lipire pe decorațiuni, lipiți-o mai întâi cu bandă adezivă.

Desfășurată de poligoane - caiet de activități de David E. McAdams
Copyright 2024. Poate fi copiat numai pentru uz educațional accidental, necomercial.

Prismă triunghiulară

1. Tăiați de-a lungul liniilor continue.
2. Îndoiți pe liniile punctate.
3. Folosiți bandă adezivă transparentă pentru a fixa.

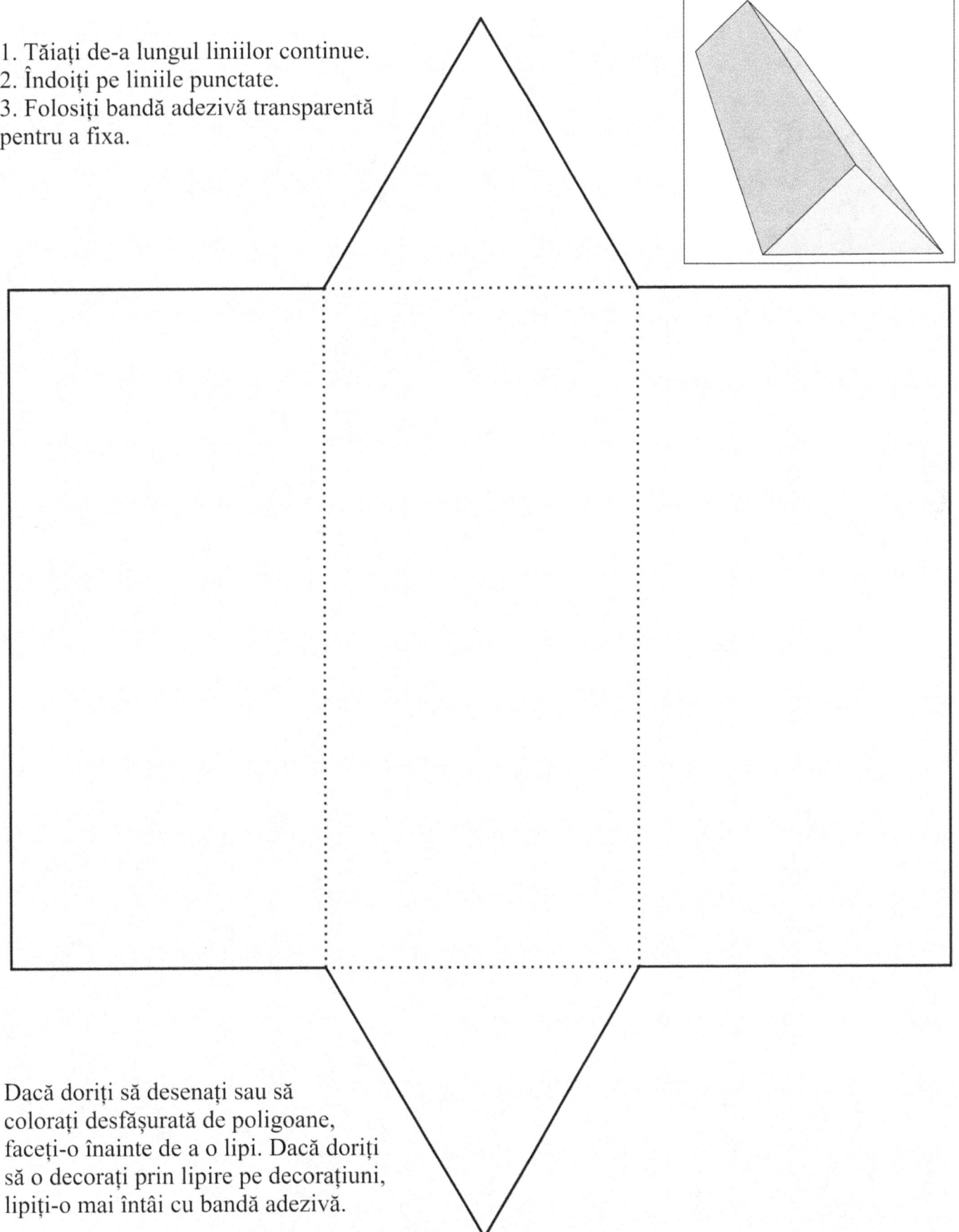

Dacă doriți să desenați sau să colorați desfășurată de poligoane, faceți-o înainte de a o lipi. Dacă doriți să o decorați prin lipire pe decorațiuni, lipiți-o mai întâi cu bandă adezivă.

Piramidă triunghiulară oblică

1. Tăiați de-a lungul liniilor continue.
2. Îndoiți pe liniile punctate.
3. Folosiți bandă adezivă transparentă pentru a fixa.

Dacă doriți să desenați sau să colorați desfășurată de poligoane, faceți-o înainte de a o lipi. Dacă doriți să o decorați prin lipire pe decorațiuni, lipiți-o mai întâi cu bandă adezivă.

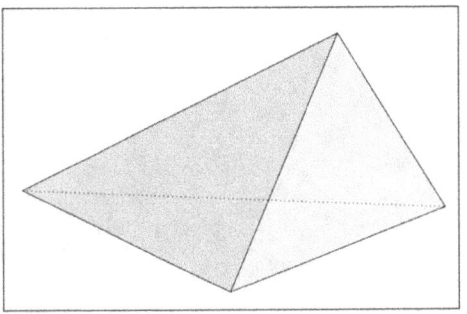

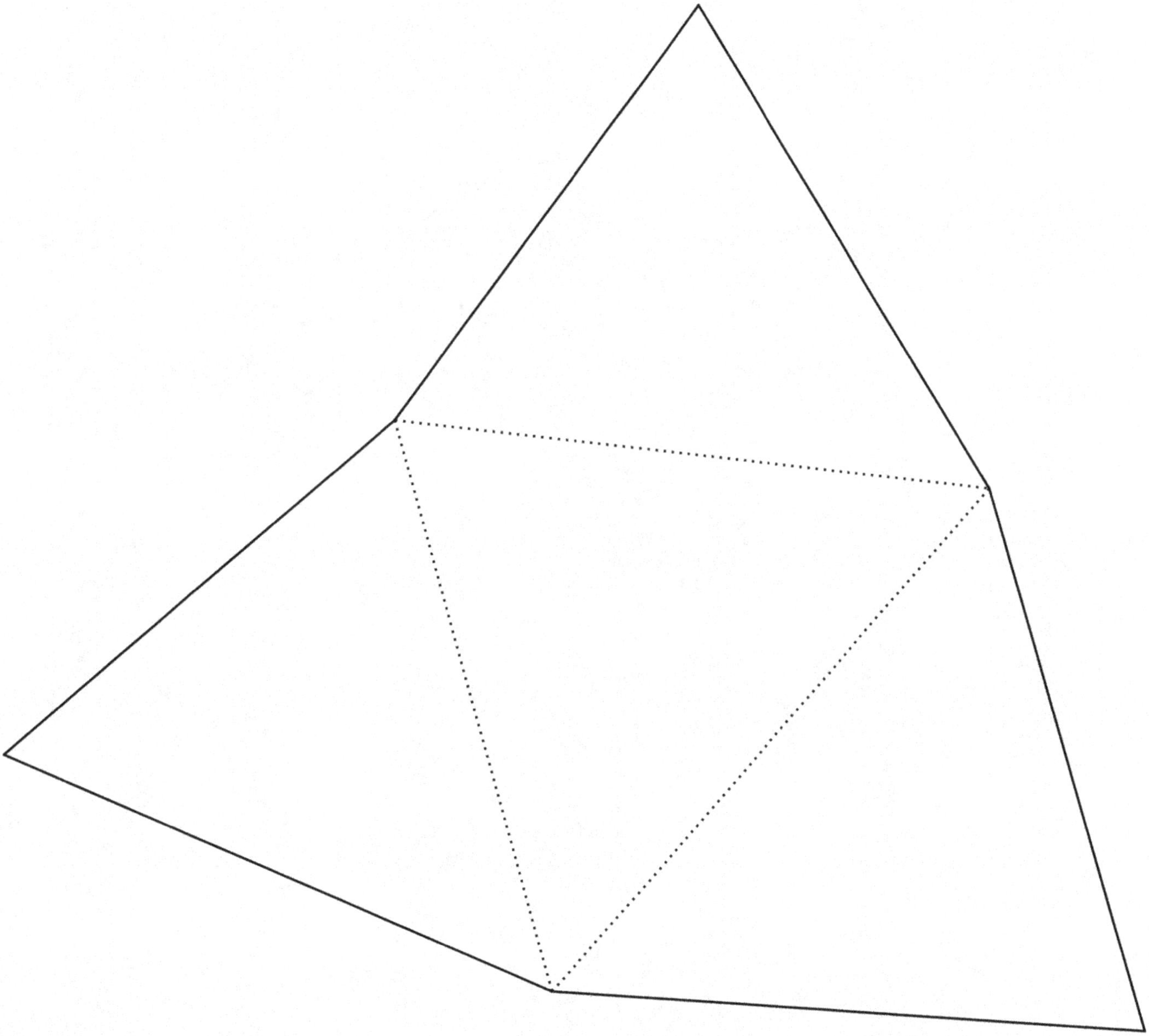

Cub trunchiat

1. Tăiați de-a lungul liniilor continue.
2. Îndoiți pe liniile punctate.
3. Folosiți bandă adezivă transparentă pentru a fixa.

Dacă doriți să desenați sau să colorați desfășurată de poligoane, faceți-o înainte de a o lipi. Dacă doriți să o decorați prin lipire pe decorațiuni, lipiți-o mai întâi cu bandă adezivă.

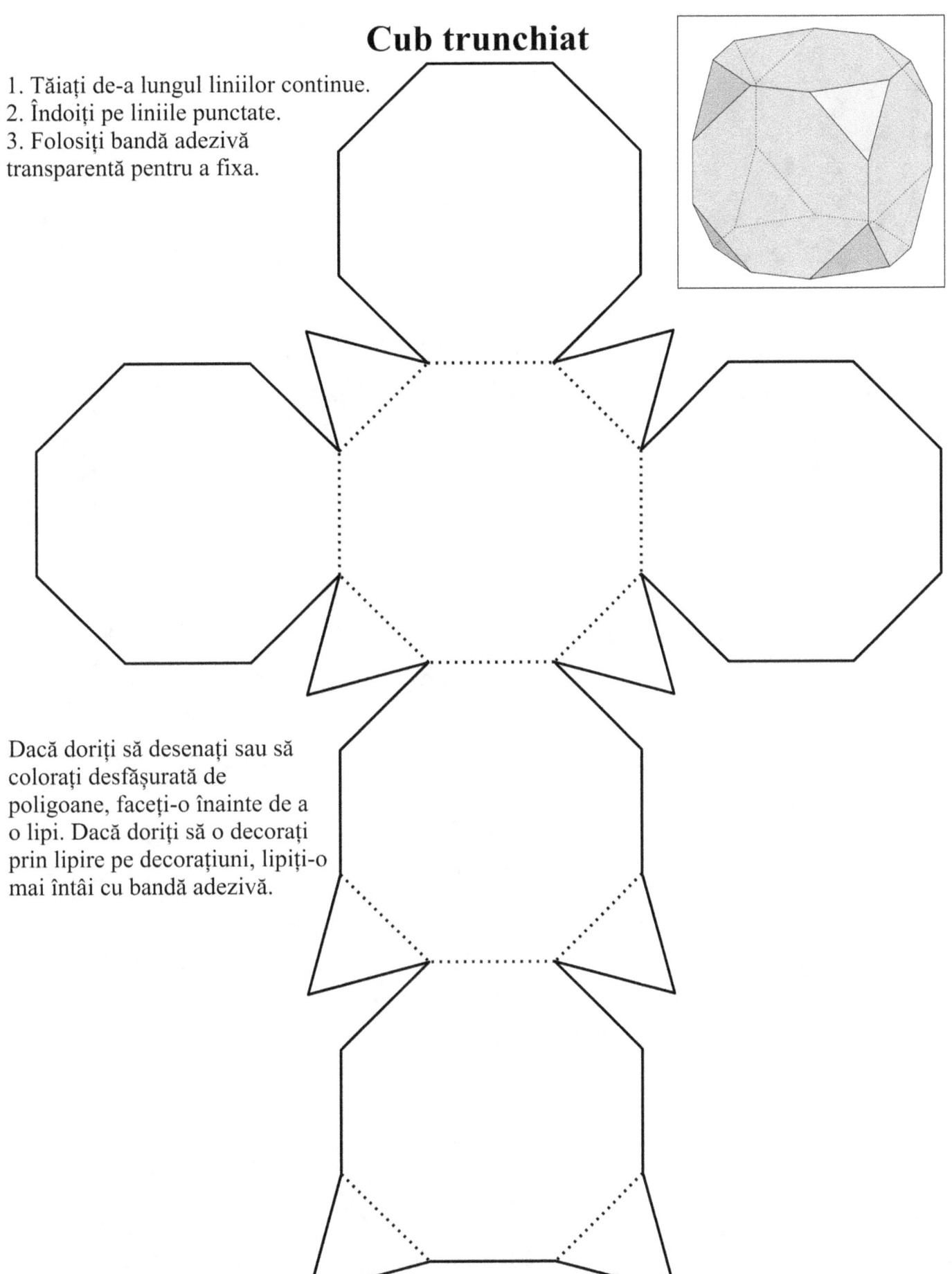

Desfășurată de poligoane - caiet de activități de David E. McAdams
Copyright 2024. Poate fi copiat numai pentru uz educațional accidental, necomercial.

Cuboctaedru trunchiat

1. Tăiați de-a lungul liniilor continue.
2. Îndoiți pe liniile punctate.
3. Folosiți bandă adezivă transparentă pentru a fixa.

Dacă doriți să desenați sau să colorați desfășurată de poligoane, faceți-o înainte de a o lipi. Dacă doriți să o decorați prin lipire pe decorațiuni, lipiți-o mai întâi cu bandă adezivă.

Desfășurată de poligoane - caiet de activități de David E. McAdams
Copyright 2024. Poate fi copiat numai pentru uz educațional accidental, necomercial.

Dodecaedru trunchiat

1. Aceasta este o diagramă din două părți.
2. Tăiați de-a lungul liniilor continue.
3. Atașați cele două părți la marginile etichetate „Q".
4. Îndoiți de-a lungul liniilor punctate.
5. Folosiți bandă adezivă transparentă pentru a fixa.

Dacă doriți să desenați sau să colorați desfășurată de poligoane, faceți-o înainte de a o lipi. Dacă doriți să o decorați prin lipire pe decorațiuni, lipiți-o mai întâi cu bandă adezivă.

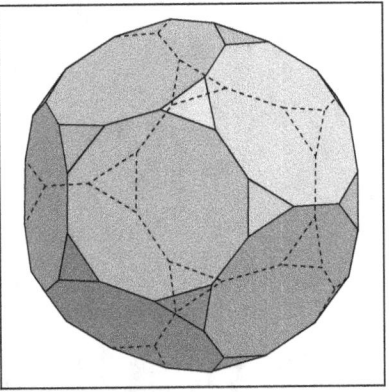

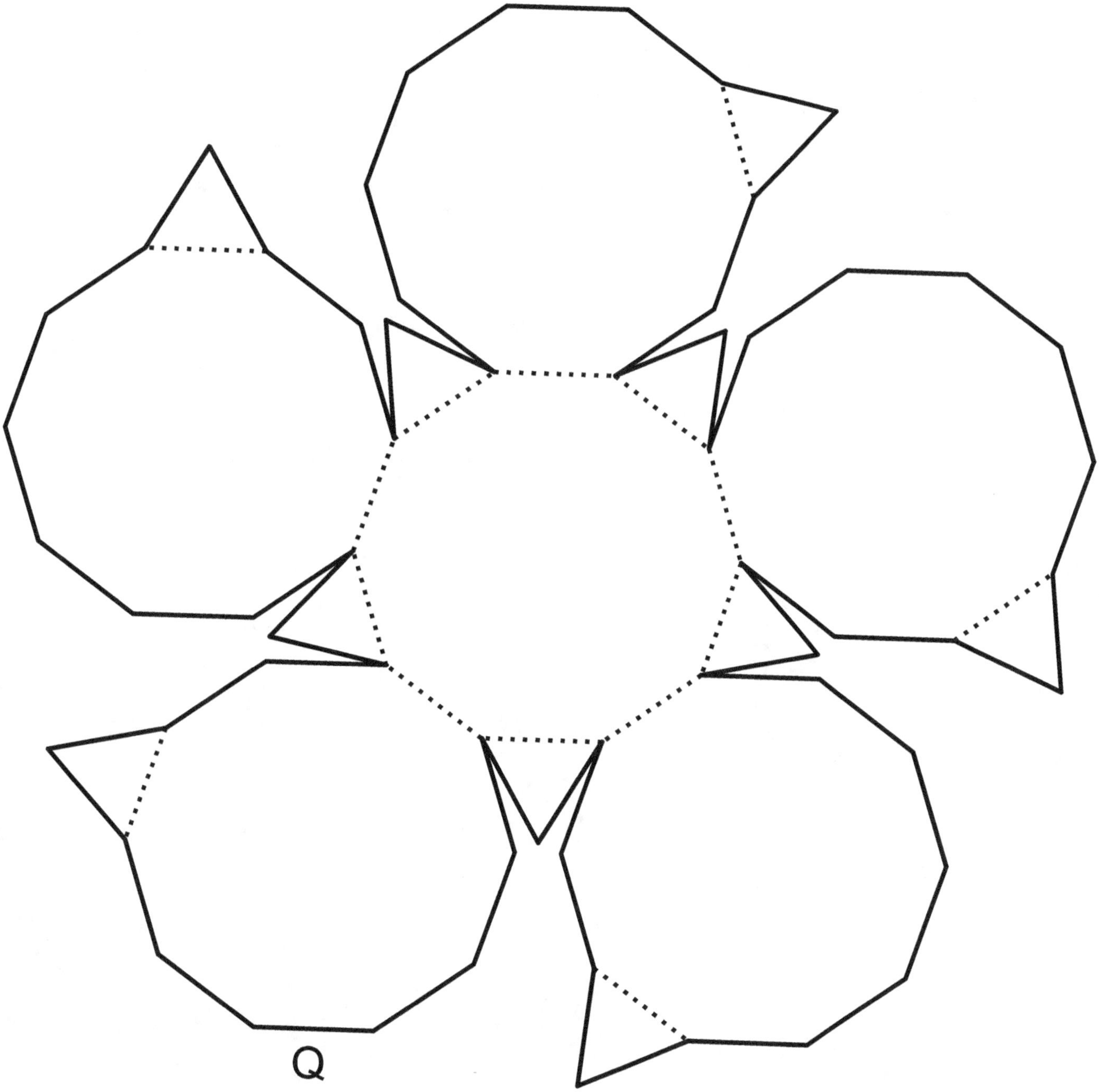

Q

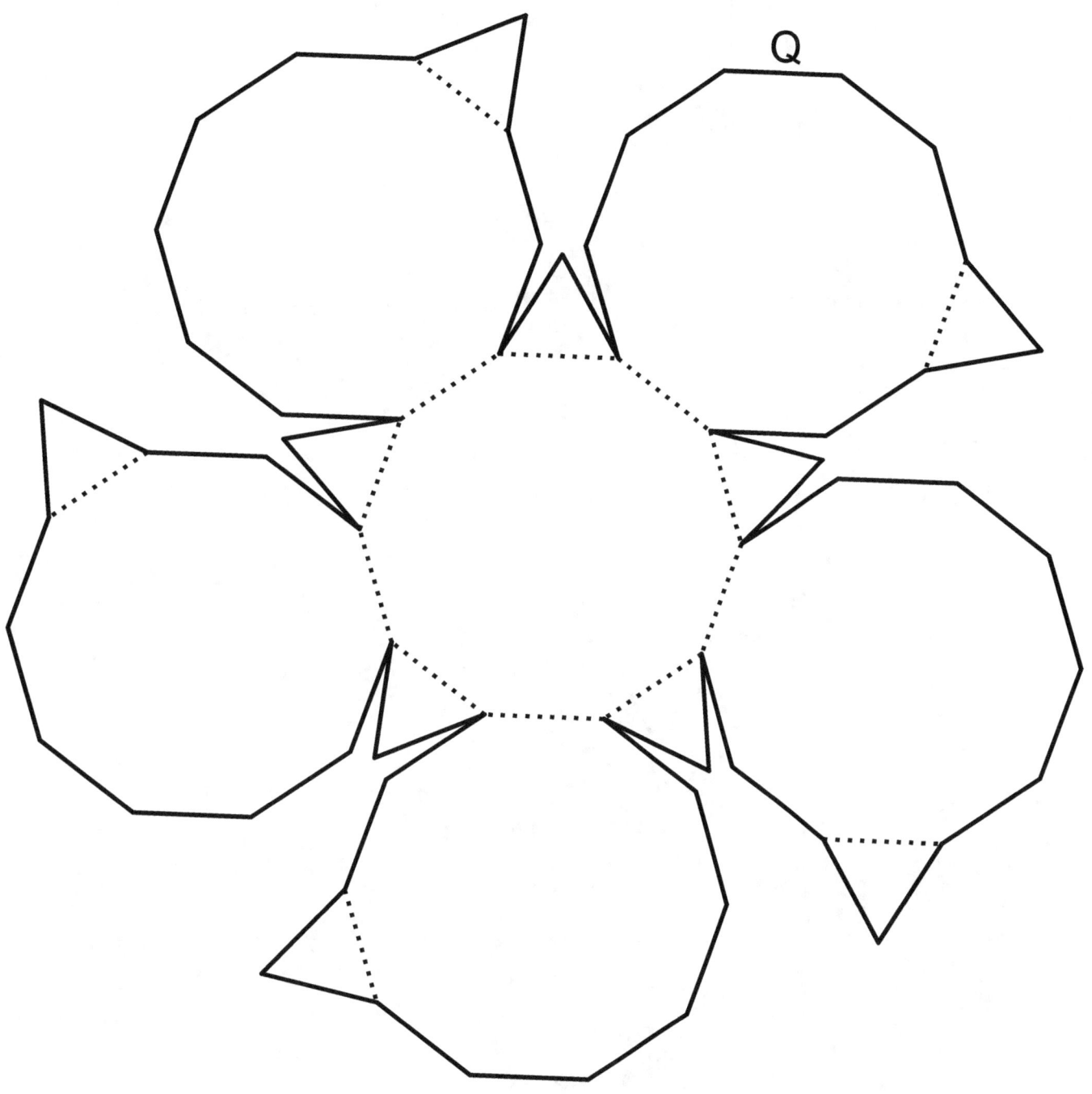

Desfășurată de poligoane - caiet de activități de David E. McAdams

Icosaedrul trunchiat

1. Aceasta este o diagramă în cinci părți.
2. Tăiați de-a lungul liniilor continue.
3. Lipiți piesele împreună la marginile marcate cu „B"
4. Îndoiți de-a lungul liniilor punctate.
5. Folosiți bandă adezivă transparentă pentru a fixa.

Dacă doriți să desenați sau să colorați desfășurată de poligoane, faceți-o înainte de a o lipi. Dacă doriți să o decorați prin lipire pe decorațiuni, lipiți-o mai întâi cu bandă adezivă.

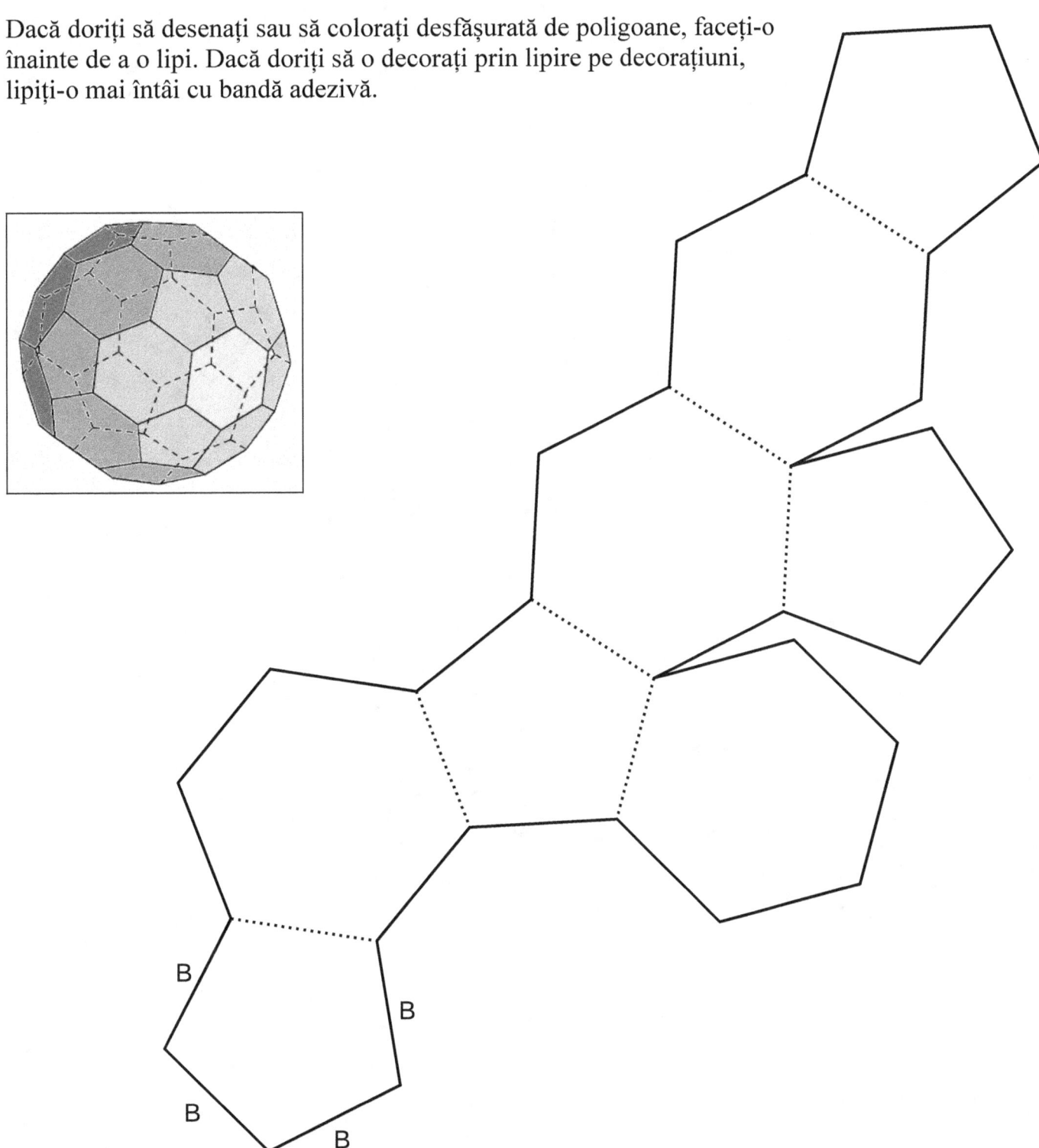

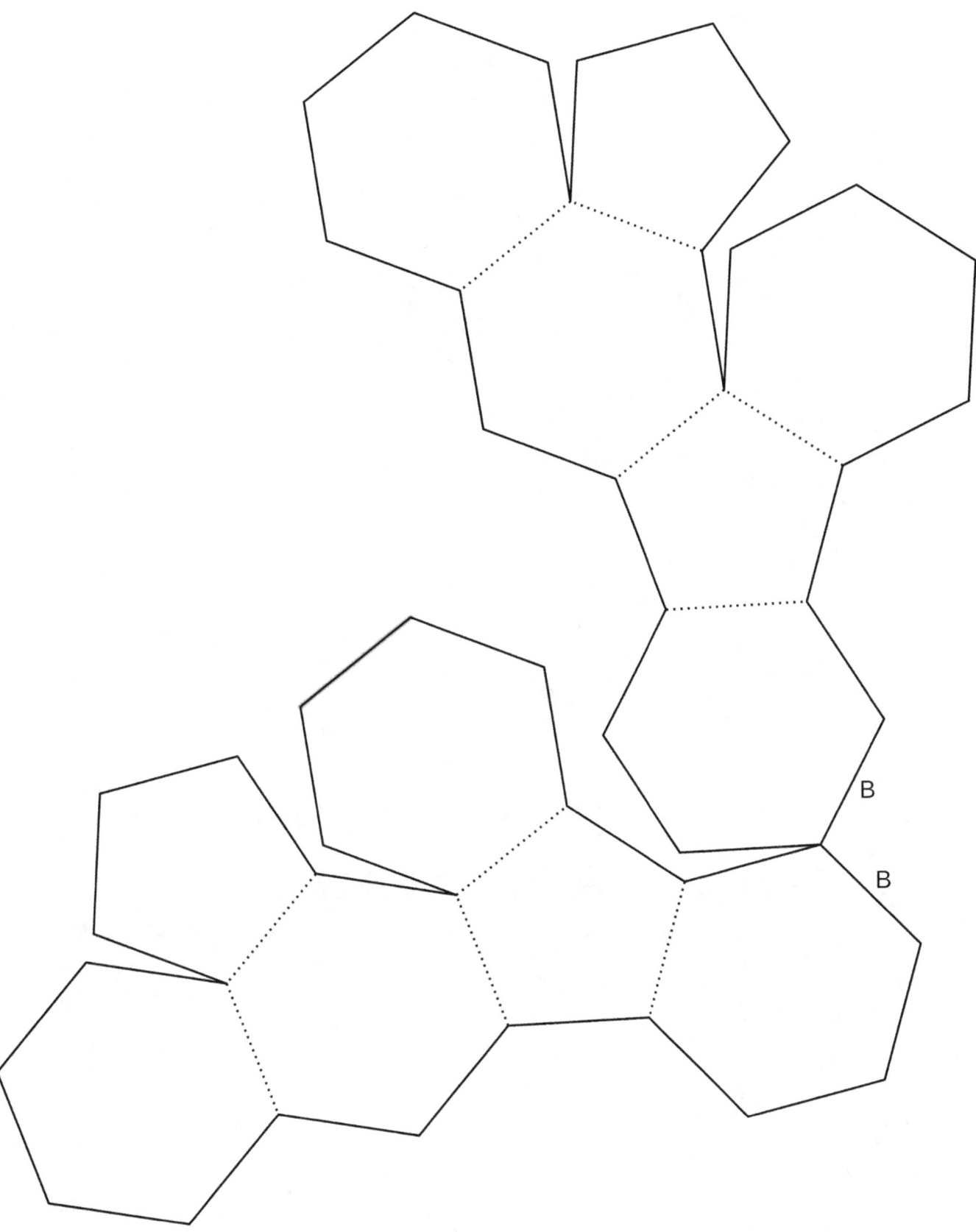

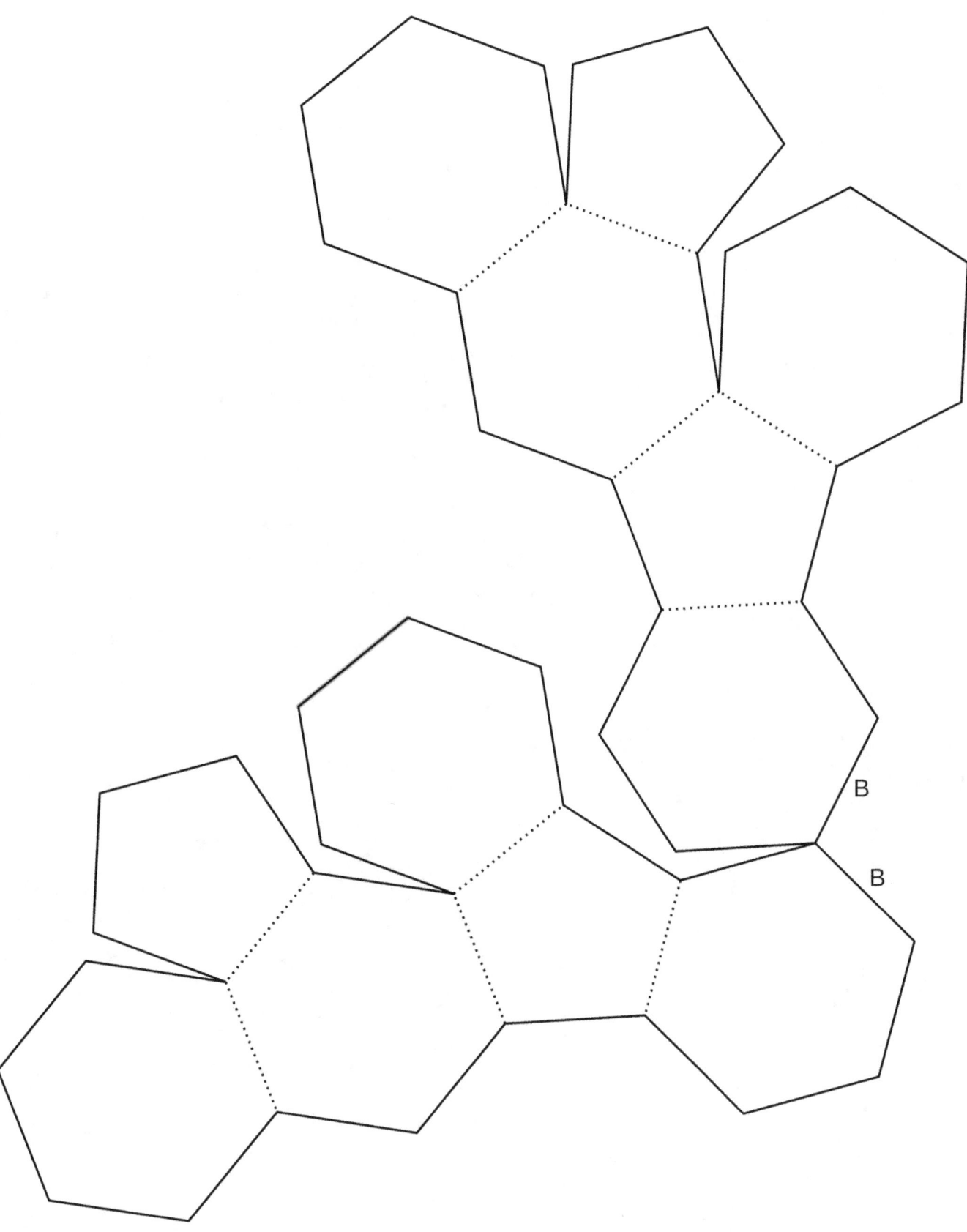

Icosidodecaedru trunchiat

1. Aceasta este o diagramă în cinci părți pe trei pagini.
2. Tăiați toate piesele de-a lungul liniilor continue.
3. Atașați piesele la marginile etichetate „A".
3. Îndoiți de-a lungul liniilor punctate.
4. Folosiți bandă adezivă transparentă pentru a fixa.

Dacă doriți să desenați sau să colorați desfășurată de poligoane, faceți-o înainte de a o lipi. Dacă doriți să o decorați prin lipire pe decorațiuni, lipiți-o mai întâi cu bandă adezivă.

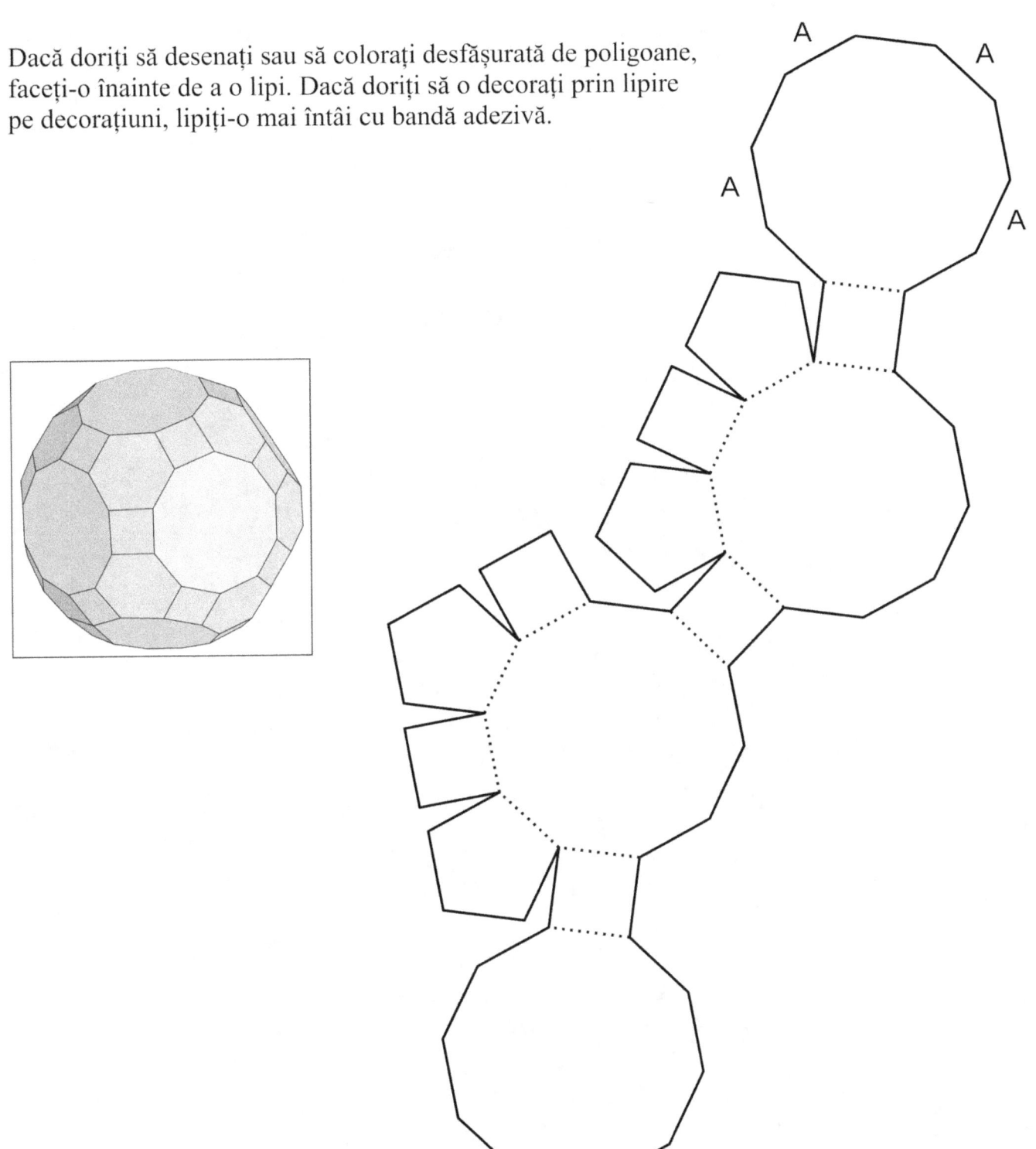

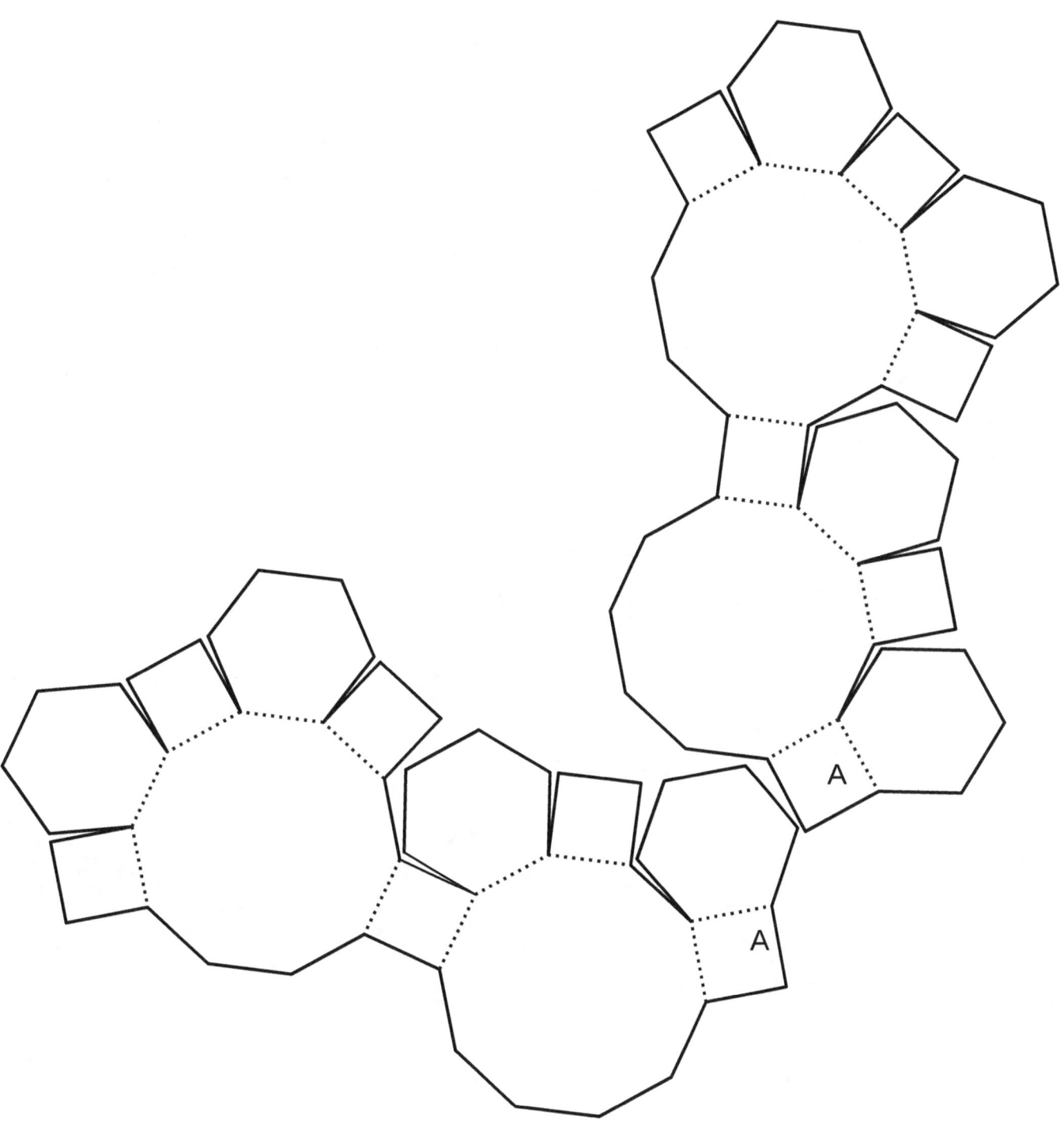

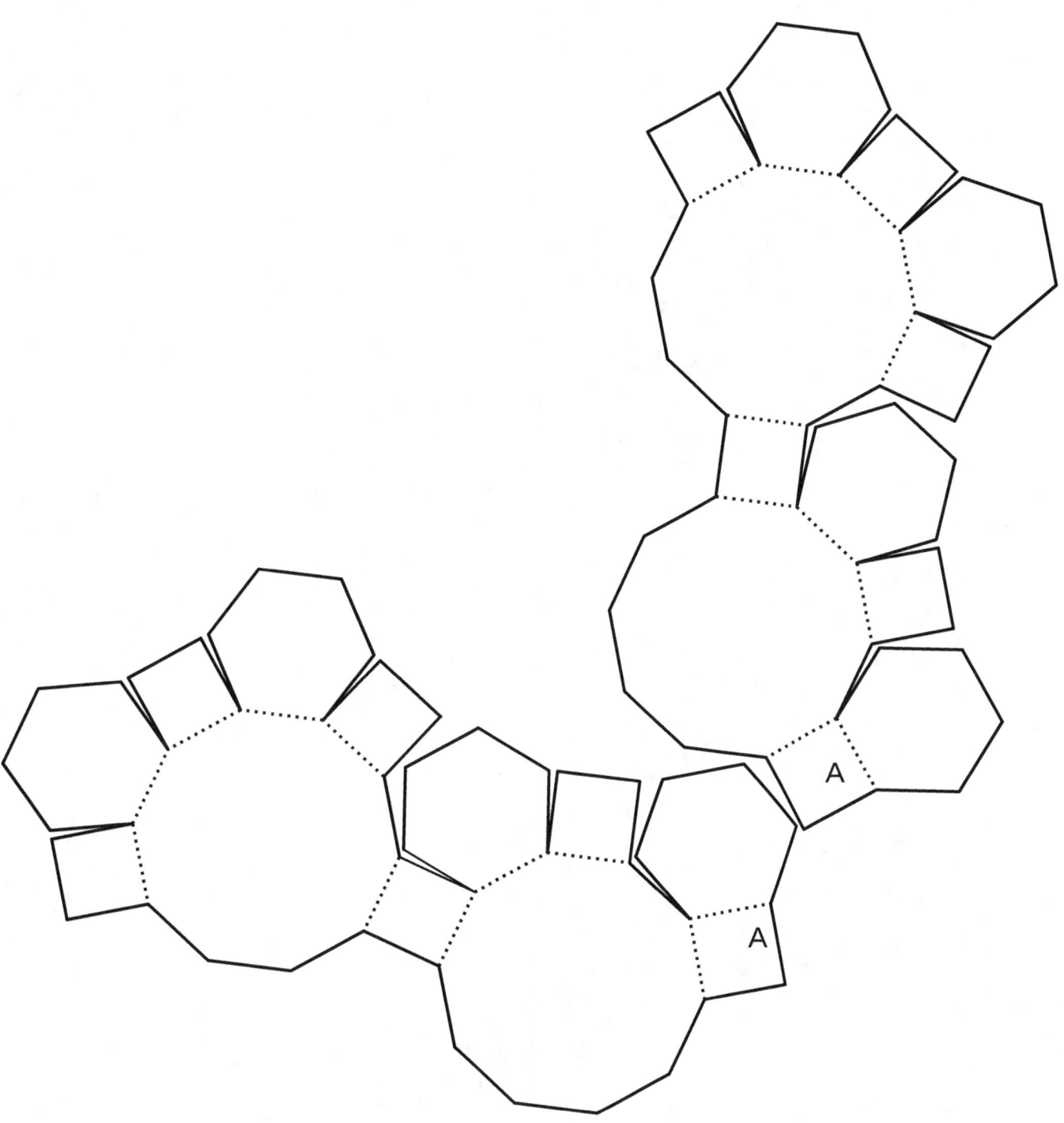

Octaedru trunchiat

1. Tăiați de-a lungul liniilor continue.
2. Îndoiți pe liniile punctate.
3. Folosiți bandă adezivă transparentă pentru a fixa.

Dacă doriți să desenați sau să colorați desfășurată de poligoane, faceți-o înainte de a o lipi. Dacă doriți să o decorați prin lipire pe decorațiuni, lipiți-o mai întâi cu bandă adezivă.

Desfășurată de poligoane - caiet de activități de David E. McAdams
Copyright 2024. Poate fi copiat numai pentru uz educațional accidental, necomercial.

Tetraedru trunchiat

1. Tăiați de-a lungul liniilor continue.
2. Îndoiți pe liniile punctate.
3. Folosiți bandă adezivă transparentă pentru a fixa.

Dacă doriți să desenați sau să colorați desfășurată de poligoane, faceți-o înainte de a o lipi. Dacă doriți să o decorați prin lipire pe decorațiuni, lipiți-o mai întâi cu bandă adezivă.

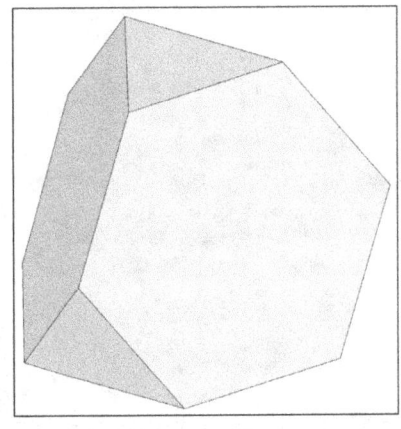

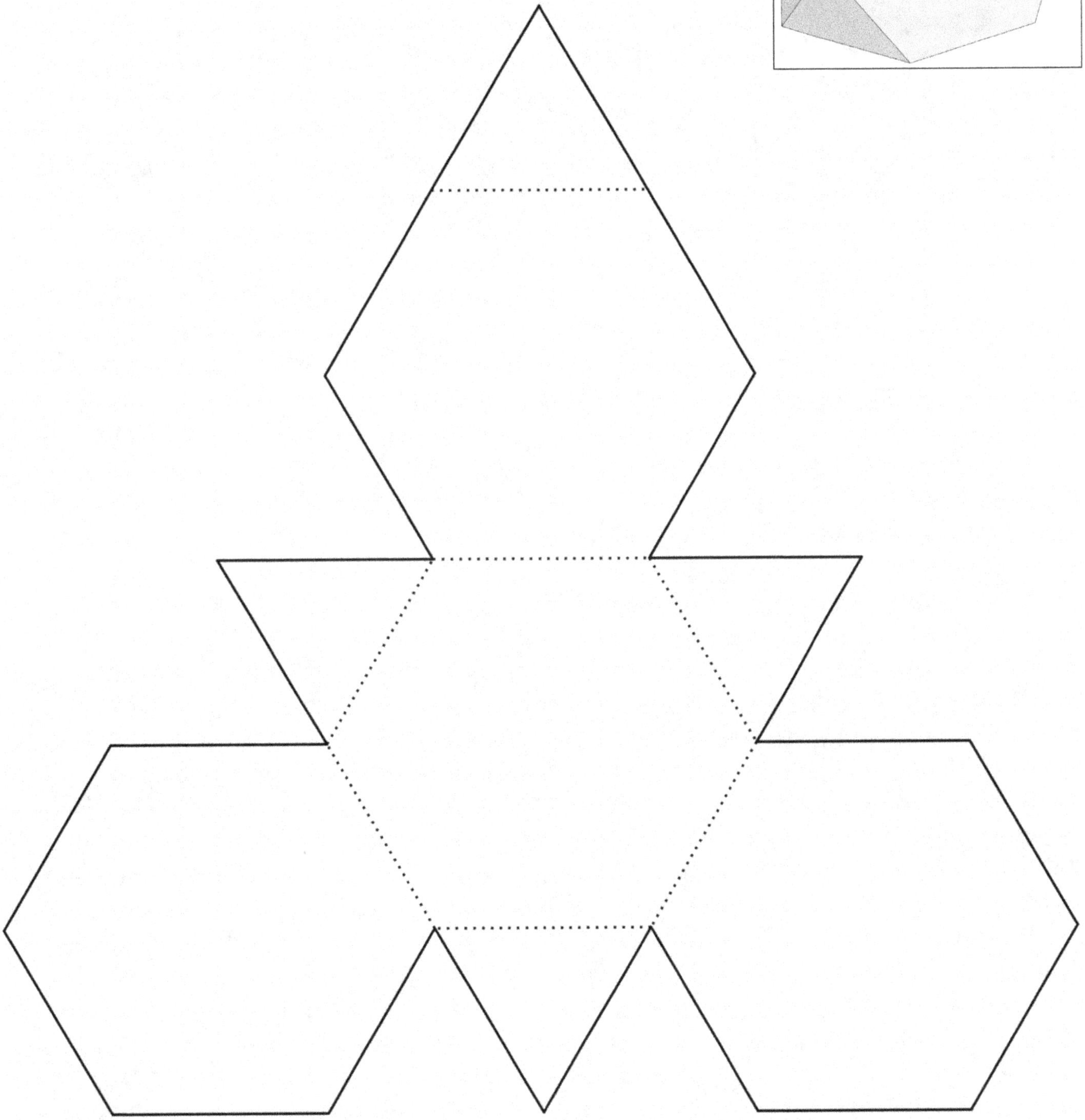

Piramida stelară pentagonală dreaptă

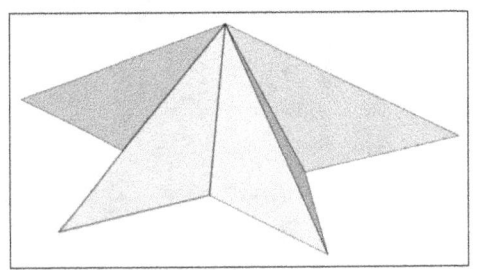

1. Tăiați de-a lungul liniilor continue.
2. Îndoiți pe liniile punctate.
3. Folosiți bandă adezivă transparentă pentru a fixa.

Dacă doriți să desenați sau să colorați desfășurată de poligoane, faceți-o înainte de a o lipi. Dacă doriți să o decorați prin lipire pe decorațiuni, lipiți-o mai întâi cu bandă adezivă.

Trapezoedru pătrat trunchiat

1. Tăiați de-a lungul liniilor continue.
2. Îndoiți pe liniile punctate.
3. Folosiți bandă adezivă transparentă pentru a fixa.

Dacă doriți să desenați sau să colorați desfășurată de poligoane, faceți-o înainte de a o lipi. Dacă doriți să o decorați prin lipire pe decorațiuni, lipiți-o mai întâi cu bandă adezivă.

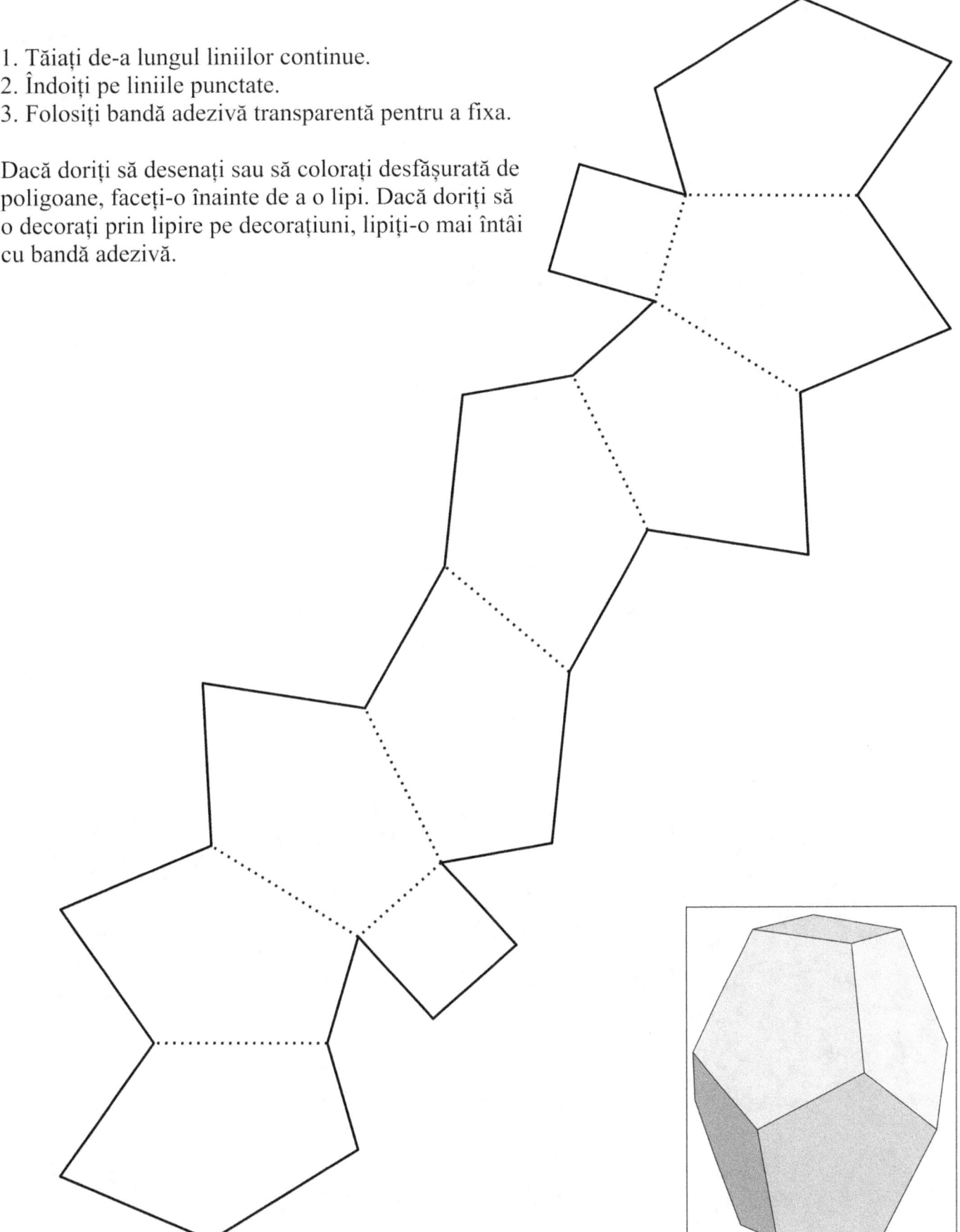